Ronald B. Schill

DER PROVOKATEUR

Autobiografie

SOUNDTRACK

Inhalt

Vorwort

Als bekennender Hedonist war ich stets darauf bedacht, mein Leben so zu gestalten, dass es sich lohnt, darüber ein Buch zu schreiben.

Ich liebe die Provokation. Ich liebe es, einen Schritt zu weit zu gehen. Steine ins Wasser zu werfen und zu schauen, wie sich die Wellen ausbreiten. Nur ein Spiel! Wie reagieren die Leute? Verlieren sie ihre Selbstbeherrschung? Machen sie sich lächerlich, wie die 60 Künstler, die kurz vor meinem Erdrutschsieg 2001 eine Petition unterschrieben, um einen Senator Schill noch zu verhindern? Der große Hardy Krüger, der große Udo Lindenberg, Westernhagen, Uwe Friedrichsen, die ganzen Theaterfuzzis, namhafte Schriftsteller, alle begehrten sie auf gegen den kleinen Richter Schill.

Was für ein herrliches Vergnügen! Es hat alles nichts genützt. Nicht die Warnungen des Bundeskanzlers. Nicht der Protest der Gewerkschaften. Nicht das Beten der Kirche.

Am 23. September 2001 eroberte ich – ganz auf mich allein gestellt – das Bundesland Hamburg. 44 Jahre Dauerherrschaft der SPD in meiner Heimatstadt waren beendet.

Als Mittel diente eine von mir im Jahr zuvor gegründete Partei. Da sie nicht mehr war als mein Werkzeug, trug sie auch offiziell meinen Namen. Statt SPD oder CDU hieß sie auf dem Wahlzettel schlicht »Schill«. Umfragen für die Bundestagswahl sagten für die Schill-Partei 20 Prozent voraus.

Sabine Christiansen widmete mir eine Sendung mit Wulff, Lafontaine und Westerwelle als Statisten.

Ich hielt die skandalöseste Rede in der Geschichte des Bundestags und *Washington Post* sowie *New York Times* widmeten mir Artikel.

Dieselbe Eigenschaft, die mir die Macht einbrachte, wurde schließlich mein Verhängnis: die Maßlosigkeit. Aber nicht allein: Es war meine Gier nach dem weiblichen Geschlecht, die meinen zahlreichen Feinden in Medien und Politik zu viel Angriffsfläche bot. Mein Schwanz brach mir das Genick. Und persönliche Angriffe ließen nicht zu wünschen übrig:

Der von mir verehrte Altkanzler Helmut Schmidt nannte mich einen rechtsradikalen Volksverhetzer.

Für den Landesvorsitzenden der SPD in Schleswig-Holstein Stegner war ich schlicht ein Ganove. Der bekannte Buchautor Jürgen Roth behauptete in seinem Buch *Ermitteln Verboten!*, ich sei von der Mafia ins Amt gehoben worden, damit ich meine schützende Hand über sie halte. Auf der Jacht des Paten von Hamburg sei ich Stammgast.

DER SPIEGEL behauptete, ich hätte der Polizei befohlen, Hamburgs Schickeria beim Kokainschnupfen gefälligst in Ruhe zu lassen. Auch würde ich selbst regelmäßig Kokain konsumieren. Bei der Wahlparty hätte ich mir vor 800 Gästen und 80 Journalisten das Kokain sogar ganz ungeniert ins Zahnfleisch eingerieben, was dem ARD-Magazin *Panorama* eine ganze Sendung wert war. Zur Anreise für den Haartest nach München hätte ich dann unzulässigerweise den Privatjet eines Parteifreundes benutzt.

Der Tod eines afrikanischen Drogendealers, der bei Vergabe eines Brechmittels gestorben war, wurde mir sogleich als Mord zur Last gelegt. Auch beschwere sich die Polizeiführung darüber, ich sei beratungsresistent und könne nicht länger als drei Minuten zuhören. Meine Spezialität seien dagegen Orgien mit Gruppensex und Auspeitschen. Überhaupt sei ich eigentlich kein Senator, sondern ein Partynator. Meine Bodyguards seien kriminell und rechtsradikal.

Dem Chef der Pro-DM-Partei hätte ich meine eigene Partei für eine Million zum Kauf angeboten, um mich damit persönlich zu bereichern. Parteimitgliedern würde ich lukrative Posten zuschanzen. Für die von mir getragene Pistole hätte ich keinen Waffenschein. Den beliebten Ersten Bürgermeister Hamburgs hätte ich erpresst. Anschließend hätte ich den Bürgermeister, den Senat und die ganze Stadt in Geiselhaft genommen.

Von der großen Strafkammer des Landgerichts Hamburg wurde ich sogar wegen des Verbrechens der Rechtsbeugung verurteilt. Zuschauer hätte ich als Richter wegen unbotmäßigen Verhaltens eingekerkert und zu lange schmoren lassen. Dumm nur, dass der Bundesgerichtshof meine Verurteilung wieder aufhob.

Von meinem politischen Wirken geblieben sind letztlich nur die mittlerweile in fast ganz Deutschland eingeführten blauen Polizeiuniformen. Ohne meinen für Hamburg angeordneten Alleingang wäre dies nicht möglich gewesen.

Viel Unwahres und Halbwahres ist mir in den letzten 18 Jahren angedichtet worden. Aber die in diesem Buch erzählte pralle Wirklichkeit übertrifft jede Fantasie.

Ronald B. Schill

1

Tragödien

Als das *Hamburger Abendblatt* im Sommer 2003 meinen Staatsrat Walter Wellinghausen wegen läppischer Nebentätigkeiten
sturmreif schoss und damit einen tragenden Pfeiler meiner erfolgreichen Kriminalitätsbekämpfung zertrümmerte, wären die
Zeitungsleute ganz vielleicht durch eine 31 Jahre zurückliegen-
de Begebenheit gnädig zu stimmen gewesen. Mein Großvater
mütterlicherseits, Willi Ahrens, war während seines ganzen
Berufslebens Setzer bei dieser ersten Zeitung Axel Springers.
Im Jahre 1972 wurde er bei einem auf das Springer-Verlags-
haus verübten Bombenanschlag der Baader-Meinhof-Bande
erheblich verletzt. Der große Axel Springer selbst drückte ihm
5.000 D-Mark in die Hand, wovon er sich einen Schrebergarten
kaufte.

Kurt Schill, mein Großvater väterlicherseits, wurde im Februar 1944 aufgrund eines Sonderbefehls Heinrich Himmlers
im Konzentrationslager Hamburgs, Neuengamme, gehenkt. Er
gehörte gemeinsam mit meiner Großmutter einer kommunis-
tischen Widerstandsgruppe an, die von der Geheimen Staats-
polizei schließlich enttarnt wurde. Die beiden Gestapo-Beamten
fragten meinen vor dem Mehrfamilienhaus spielenden achtjäh-
rigen Vater, wo denn die Familie Schill wohne, und ließen sich
von ihm zur Wohnungstür führen. Sodann musste er miterle-
ben, wie sein Vater in Handschellen abgeführt wurde. »Aus dir
machen wir noch einen anständigen Deutschen«, ließen sich die
Gestapo-Schergen gnädig vernehmen. Als wenig später auch
meine Großmutter verhaftet wurde, war mein Vater weitgehend
auf sich allein gestellt im zerbombten Hamburg.

Mit meinen Eltern auf einem Schiff vor dem Vesuv bei Neapel

Ein Trauma, von dem er sich nie ganz erholen sollte. Trotz beruflicher Erfolge und seiner charismatischen Persönlichkeit blieb eine tief verwurzelte Unsicherheit, die er mit Alkohol zu kompensieren suchte. Seinem letzten der regelmäßig wiederkehrenden Alkoholexzesse fiel er 2001 zum Opfer und wurde zu Grabe getragen, als die Wahlplakate mit dem Konterfei seines Sohnes die Umgebung des Friedhofes säumten.

Ich erinnere mich noch daran, wie mir mein Vater 1966 aus der Zeitung von der Begnadigung des für die Hinrichtung meines Großvaters verantwortlichen Gestapo-Schergen vorlas. Er spielte mit dem Gedanken, ihn zu töten, und ich als Siebenjähriger bestärkte ihn darin.

Von Journalisten wurde ich während meiner Richter- und Senatorenzeit gelegentlich gefragt, ob es außer diesem noch weitere Ereignisse gäbe, aus denen sich mein Sinn für Gerechtigkeit ableite. Ich habe diese Frage stets verneint, um nicht als Dank für deren Beantwortung sogleich eine psychopathische Obsession bescheinigt zu bekommen.

Tatsächlich lauerten mir im Alter von circa acht Jahren auf dem Schulweg über mehrere Wochen wiederholt zwei ältere Schüler auf und zwangen mich mit Schlägen und Drohungen, Geld und Wertsachen mitzubringen und ihnen auszuhändigen.

Die hautnah erlebte Hilflosigkeit in dieser Situation hat sich tief eingeprägt und erlaubt es mir, mich in das Leid von Kriminalitätsopfern mitfühlend hineinzuversetzen, während viele meiner Richterkollegen darüber achselzuckend hinweggehen. Insbesondere vielen Jugendrichtern liegt ausschließlich die angeblich so schlimme Kindheit der Gewalttäter am Herzen. Für das Schicksal der Opfer interessieren sie sich nicht.

Ihre Verweigerung, gegenüber Gewalttätern wirklich unangenehme Strafen auszusprechen, ermuntert diese zu immer neuen

Straftaten. Solche Richter haben Blut an den Händen. Es ist das Blut der vielen Opfer, die bei einer raschen und wirksamen Bestrafung hätten vermieden werden können.

2

Perverser Lehrer

Bis in die siebte Schulklasse hinein war ich ein schlechter Schüler. Ich hatte Wichtigeres zu tun, als für Englisch oder Mathematik zu pauken.

Mit meinen Freunden brach ich zugemauerte Eingänge von Weltkriegsbunkern auf und ging in ihrem Inneren mit etwas Schaudern auf Entdeckungstour. Stets bewaffnet mit Taschenlampen, riesigen Hämmern zum Durchbrechen weiterer Hindernisse und Terpentin, um alles Mögliche in Brand zu setzen, fanden wir viele Helme und leider wenig Skelette.

Mit dieser Einstellung zur Schule und zum Lernen hätte ich allenfalls die mittlere Reife geschafft.

Den alsdann einsetzenden schulischen Erfolg verdankte ich ausgerechnet einem Straftäter, der mich zu seinem Opfer machte. Mein Vater hatte ihn als Nachhilfelehrer engagiert, als ich 13 Jahre alt war. Obwohl er zwölf Jahre älter war als ich, behandelte er mich schon kurze Zeit später als Freund auf Augenhöhe.

Er vermittelte mir die fehlenden Kenntnisse in mehreren kritischen Fächern, insbesondere in Englisch. Ich begann zu pauken, um ihn nicht zu enttäuschen und als Freund zu verlieren. Es war wie eine Initialzündung. Schulische Erfolge ließen nicht lange auf sich warten und motivierten mich, noch mehr

Zeit ins Lernen zu investieren. Schon ein Jahr später war ich Klassenbester.

Zu dieser Zeit lud er mich ein, mit ihm die Sommerferien im Südwesten Englands zu verbringen, um meine Englischkenntnisse weiter zu vertiefen. Ich war begeistert und auch meine Eltern stimmten zu. Obwohl er eine attraktive Freundin hatte, offenbarte sich in England unversehens eine neue, eine dunkle Seite seiner Persönlichkeit. Er wollte Sex mit mir. Das ging für mich gar nicht! Ich machte es ihm in aller Freundschaft deutlich und er schien es zu akzeptieren.

Auf unserem Campingplatz lernten wir eine Familie aus der Industriestadt Coventry kennen, die die Deutschen 34 Jahre zuvor durch ihren Bombenterror fast völlig zerstört hatten. Sie nahmen uns das nicht übel. Ich erlebte die erste Liebe meines Lebens erst mit der einen und dann mit der anderen Tochter, während sich mein Lehrer mit der Mutter vergnügte. – Na ja, wer nicht bi ist, versäumt halt die Hälfte aller Möglichkeiten. Aber ich hatte meine Liebe zum weiblichen Geschlecht entdeckt und wollte ausschließlich die eine Hälfte der Möglichkeiten.

In einem Souvenirgeschäft in Land's End, dem südwestlichsten Zipfel Englands, kaufte ich mir eine Nilpferdpeitsche, um damit zu spielen. Es faszinierte mich, sie durch geschicktes Ausholen knallen zu lassen. Entsteht der Knall etwa dadurch, dass das Ende Peitsche die Schallmauer durchbricht? Ich trainierte, aufgestellte Gegenstände wie Flaschen oder Äpfel präzise zu treffen, und brachte meinen Lehrer dadurch auf die Idee, sein ursprüngliches Vorhaben weiter zu verfolgen.

Unvermittelt unterbreitete er mir den Vorschlag, doch mal ihn auszupeitschen. Das sei doch für uns beide eine neue Erfahrung und ich bräuchte ihn auch überhaupt nicht zu berühren.

Gesagt, getan. Er entkleidete sich und legte sich auf das Bett, um die ihm gebührende Strafe zu empfangen.

Ich versetzte ihm wohldosierte Hiebe. Gelegentlich übertrieb ich es ein wenig und sein Körper zuckte nicht nur, sondern bäumte sich auf, während er den Schrei des aus ihm herausbrechenden Schmerzes nicht zu unterdrücken vermochte.

Die befreundete Familie aus dem benachbarten Wohnwagen wunderte sich.

3

Ewiger Student

So wie mein Vater ein Quartalstrinker war, so war ich ein Quartalsarbeiter. Rechtzeitig vor jeder Prüfung begann ich, mit einem gehörigen Maß von Besessenheit zu pauken und dabei auf jeglichen Lebensgenuss zu verzichten. Dabei habe ich nie gern gelernt. Aber als Investition in meine bessere Zukunft war es halt unumgänglich. Nur so konnte ich meine Ziele erreichen.

Das Ziel war eine höhere Lebensqualität mit interessanteren Aufgaben. Ausruhen konnte ich mich nach den Prüfungen immer noch und tat dies zur Genüge.

Dank dieser Strategie gelang mir ein Abitur, das mir das ersehnte Studium der Psychologie ermöglichte. Menschliches Erleben und Verhalten verstehen, vorhersagen, beeinflussen und kontrollieren. Ein Wahnsinn!

Die Wirklichkeit sah anders aus: Erst knochentrockene Statistikvorlesungen und dann wurde ein komplettes Semester von meinen zumeist linken Mitstudenten bestreikt. Das süße Nichtstun war angenehm. Aber so ging's nicht weiter.

17

Also was machen mit dem mühsam erstrittenen Einser-Abitur? Genau! Das, worum sich alle reißen. Medizin. Ein Leben als Arzt. Und der Doktortitel wird einem hinterhergeworfen. In zwei Wochen fertig.

Wer von den weiblichen Mitstudenten seinen Doktor bis zum zehnten Semester nicht gefunden hat, muss ihn selber machen … Aber auch beim Medizinstudium sind die ersten zwei Jahre kein Spaziergang. All diese Fächer, die man nach dem Abitur schon längst hinter sich geglaubt hat, tauchen plötzlich wieder auf und zwar als Hardcore. Chemie, Biochemie, Biologie und Physik.

Und die Vorstellung, einen Katheter in die Harnröhre zu schieben. Voll abturnend!

Irgendwie hatte sich meine Leidensfähigkeit nach dem Abitur noch nicht wieder eingestellt, um mir das anzutun. Ich schmiss

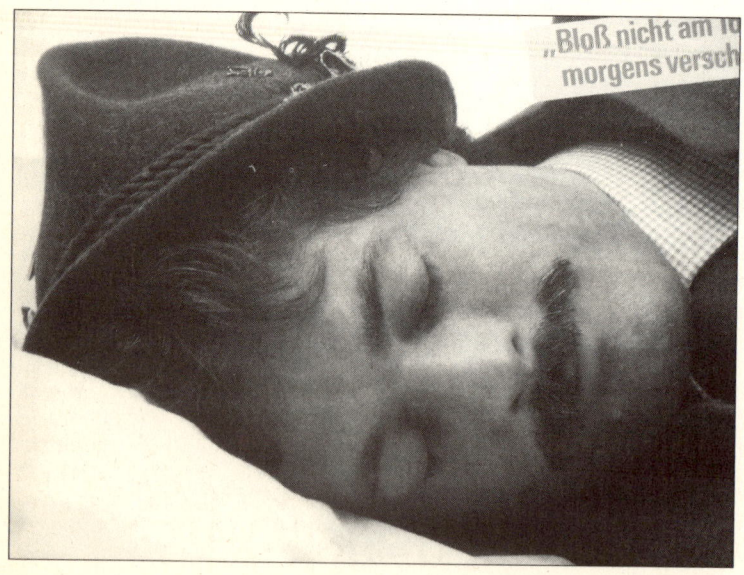

Werbung für einen Radiowecker, 1987

auch dieses Studium. Ich fühlte mich schon als ewiger Student. Beste Voraussetzungen, um irgendwann als Penner zu enden. Mit diesen düsteren Aussichten im Kopf nahm ich das Jurastudium auf.

Die Mediziner denken sich die Schweinereien aus, die Lehrer erzählen sie weiter und die Juristen machen sie. Das könnte also gehen. Tatsächlich war Jura jetzt alternativlos und ich kämpfte mit dem Rücken zur Wand bis zum Ende. Nebenbei arbeitete ich als Taxifahrer und Model für Werbeaufnahmen.

Werbung für drei Sicherheitskleber, 1986

4

Droge Tavor

Im Juraexamen ist der psychische Druck so groß, dass Kandidaten trotz bester Vorbereitung durchfallen. Sie haben wegen Schlafmangels und im Angesicht des drohenden Versagens plötzlich ein Brett vorm Kopf und wissen gar nichts mehr. Viele können nur einen Bruchteil ihrer Kapazität abrufen. Immerhin gibt es nach dem Durchfallen nur noch einen weiteren Versuch. Wer auch dabei scheitert, für den waren sechs Jahre Arbeit umsonst. Dann heißt es mit Ende 20: »Herzlichen Glückwunsch zum Abitur!«

Für mich stand fest: Ich will nicht nur bestens vorbereitet sein, sondern 100 Prozent meiner Kapazität abrufen, wenn es darauf ankommt. Aber wie konnte ich Geist und Körper so perfekt einstellen, dass dies gelingen würde?

Ganz einfach: Durch die perfekte Droge. Tavor aus der Gruppe der Benzodiazepine. Beruhigend, Schlaf anbahnend, euphorisierend, das Selbstvertrauen stärkend.

Der prominenteste Benutzer war der Ministerpräsident von Schleswig-Holstein, Dr. Dr. Uwe Barschel. Er hatte im Oktober 1987 gerade in der Badewanne eines Genfer Hotels sein vorzeitiges Ende gefunden. Mit Drogen ist eben nicht zu spaßen. Die erstrebte Wirkung lässt bei wiederholter Einnahme nach, sodass die Dosierung immer weiter erhöht werden muss. Beim Absetzen der Droge gibt's Depressionen, Schlaflosigkeit und Albträume. Alles gratis!

Diese und andere Drogen sind Kredit auf die Zukunft. Man fühlt sich jetzt besser und zahlt dafür später.

Aber später ist nach dem bestandenen Examen. Also rein damit. Der Erfolg war beeindruckend. Während bei der mündlichen Prüfung die anderen Kandidaten erschöpft in den Seilen hingen, stritt ich derart übermütig mit einem der Prüfer herum, das der gar nicht wusste, wie ihm geschah. Am Ende hatte ich beide Staatsexamina mit Prädikat bestanden und man nannte mich in Juristenkreisen nur noch Ronald Tavor.

Angesichts dieser guten Erfahrungen fand ich den zu meinen Senatorenzeiten erhobenen Vorwurf, ich würde Kokain konsumieren, total abwegig. Kokain hat eine ähnliche Wirkung wie Tavor, aber im Vergleich dazu erhebliche Nachteile: Es ist illegal, sehr teuer und verursacht bei Männern während der Wirkungsphase Erektionsschwächen. Man(n) wird geschwätzig und will keinen Sex. Das sind Verhaltensmuster, die eher Frauen nach mehreren Ehejahren nachgesagt werden.

Nach meinem ersten Staatsexamen arbeitete ich als Lehrbeauftragter für Strafrecht an der Universität Hamburg. Ich empfand es als Herausforderung, meinen Vortrag so lebensnah und witzig zu gestalten, dass die Studenten mir den Vorzug vor meinen Kollegen gaben. Entertainerqualitäten sind bei den zumeist staubtrocknen Professoren leider Mangelware. Aber dafür gibt es bei Juristen ja sogenannte Repetitoren, die ihnen das erforderliche Wissen gegen Bezahlung einhämmern.

Als Strafverteidiger habe ich 1992 ein Jahr lang gearbeitet. Es war für mich nicht einfach, diese Tätigkeit mit meinem Gerechtigkeitsgefühl in Einklang zu bringen. Es kommt nicht darauf an, ob der Mandant schuldig ist, sondern ob das Gericht es ihm beweisen kann. Die Aufgabe eines guten Verteidigers besteht darin, dies zu verhindern.

Der Reiz und die »sportliche« Herausforderung werden von vielen Strafverteidigern darin gesehen, einem schuldigen Angeklagten zum Freispruch zu verhelfen. Je übler der Verbrecher ist, der nach einem solchen Freispruch auf neue Opfer losgelassen wird, desto eher muss dessen Verteidiger sein Gewissen an der Garderobe abgegeben haben.

Zwischendurch war ich in einer Kanzlei für Arbeitsrecht anwaltlich tätig, in der ich Ole von Beust kennenlernte. Er war damals noch einfacher Abgeordneter der CDU im Hamburger Parlament. Später machte ich ihn zum Ersten Bürgermeister, wie der Ministerpräsident in Hamburg genannt wird.

5

Einstieg als Richter

Meine Zeit als Richter in Hamburg begann im Mai 1993 und verlief bis Oktober 1996 ohne öffentliche politische Aussagen. Meine – wie ich rechtsanwaltlich tätige – damalige Freundin weinte bittere Tränen, als ich ihr meinen Entschluss mitteilte, mich als Richter zu bewerben. Eine Beamtentätigkeit ohne große berufliche und finanzielle Entwicklungsmöglichkeiten passte überhaupt nicht zu ihrer Vorstellung von einem Traummann. Sie stammte aus einer großbürgerlichen Familie, die aufgrund tragischer Umstände derart verarmte, dass sie selbst als Kind hungern musste. So war ihr jüdischer Großvater, ein reicher Chemiefabrikant, von den Nazis enteignet und ermordet worden. Ihr Vater klagte in den 50er-Jahren durch alle Instanzen auf Rückübereignung und verlor. Die Gerichte waren in Ermangelung unbelasteter Juristen noch mit Nazis besetzt. Die Prozesskosten ruinierten die Familie vollends.

Bei der Bewerbung für das Richteramt waren mehrere Bewerbungsgespräche zu absolvieren. Da ich mit meinen beiden Prädikatsexamen für das Amt des Richters fachlich qualifiziert war, ging es in diesen Gesprächen nicht mehr um Fragen der juristischen Kompetenz. Gefragt waren ausgewogene, in sich ruhende Persönlichkeiten mit einem leichten Hang zum Spießertum. Durchgeknallte Psychopathen sollten unbedingt ausgesondert werden.

Der Präsident des Hanseatischen Oberlandesgerichts war gleichzeitig auch Präsident des Hanseatischen Verfassungsgerichts. Für uns Juristen gab es über ihm nur noch den blauen Himmel. Aber auch die Politiker zitterten vor ihm. Gerade hatte er durch einen Federstrich die Wahlen in Hamburg für ungültig erklärt. Ihm saß ich nun in seinem prächtigen neoklassizistischen Palast gegenüber, der mit zwei flankierenden weiteren Palästen aus der Kaiserzeit das architektonische Herz Hamburgs bildet. Ich hatte mögliche Fragen von seiner Seite im Geiste vorweggenommen und ideale Antworten durchgespielt. Wie immer in solchen Fällen war ich perfekt vorbereitet.

Fast. Plötzlich fragte er mich in jovialem Ton, welches Buch ich denn gerade lese. Wenn ich gerade keines gelesen hätte, wäre es mir natürlich ein Leichtes gewesen, mir spontan eines auszudenken, das ich zuvor irgendwann mal gelesen hatte. Ich hätte den Moment der kreativen Erfindung souverän überbrücken und die Lüge verschleiern können.

Leider las ich aber gerade tatsächlich ein Buch. Nur konnte ich ihm das nicht nennen, ohne meine Eignung für das seriöse Richteramt infrage zu stellen. Es war die Biografie von Klaus Kinski, die mich völlig in ihren Bann gezogen hatte: »Ich bin so wild nach deinem Erdbeermund, ich schrie mir schon die Lungen wund nach deinem weißen Leib, du Weib …« Dieses Zitat, das die dunkle Seite meines Daseins zukünftig immer mehr bestimmen sollte, war das Brett vor meinem Kopf.

Natürlich hatte der Präsident längst bemerkt, dass er mich auf dem falschen Fuß erwischt hatte. Egal, was ich nun sagte, es war offensichtlich, dass ich lüge. Jetzt wäre es ganz einfach gewesen, mich in der Luft zu zerreißen. Kein mittelmäßiger Winkeladvokat hätte sich die Gelegenheit entgehen lassen, einen missliebigen Zeugen in dieser Situation zu demontieren. Aber der Präsident war zu höflich, meine momentane Schwäche auszunutzen. So behandeln feine Hanseaten keinen Gast, der mit ihnen beim Tee sitzt. Er hätte allerdings verhindern können, dass ich schon acht Jahre später Besitz von der Stadt ergriff und die immer allmächtige SPD ins Nirwana der Bedeutungslosigkeit verbannte.

Während der ersten beiden Jahre war ich Richter auf Probe, hätte also noch jederzeit gefeuert werden können. Letzteres hielt mich allerdings keineswegs davon ab, mich mit Richterkolleginnen, Anwältinnen, Protokollführerinnen und sonstigen Mitarbeiterinnen der Geschäftsstellen sogleich in heiße Sexabenteuer zu stürzen.

Von der Arbeit im Zivilgericht, das ich im ersten Jahr zu durchlaufen hatte, waren meine Gespielinnen offenbar ebenso angeödet wie ich. Sie brauchten zum Ausgleich für den tristen Berufsalltag ein wenig Spaß. Und den bekamen sie mit Jungrichter Schill. Ich war witzig und charmant. Meine männlichen Richterkollegen waren dagegen verheiratet und seit gefühlt 73 Jahren treu.

Da ich diese Richterkollegen in ihrem Urlaub zu vertreten hatte, ging es in deren Dienstzimmern jetzt richtig zur Sache. Aufgrund der in den kahlen Zimmern des Justizpalastes unvermeidbaren Halleffekte tosten gelegentlich auch Lustschreie durch die Flure, was die Gerüchteküche anheizte. Und wenn sie mich nun rausschmissen deswegen? Na wennschon!

Einmal im Paradies gelebt, ist mit dem Tode nicht zu viel bezahlt. So muss es zwischen Ärzten und Krankenschwestern abgehen, kam mir in den Sinn. Aber ich wäre ja beinahe Arzt geworden. Weißkittel oder Schwarzkittel – beides ist für das nachgeordnete weibliche Personal offenbar gleichermaßen reizvoll. Ich war an der Scheide meines Lebens.

Den Umgang mit den Streitereien zwischen oftmals querulatorischen Bürgern ums liebe Geld fand ich dagegen voll abturnend. Reisende fotografieren in Ägypten nicht die Pyramiden, sondern den Staub unter den extra zur Seite gerückten Hotelbetten, um vom Reiseveranstalter Geld zurückzufordern. Vorher haben sie eine Rechtsschutzversicherung abgeschlossen, die ihnen Anwalts-, Gutachter- und Gerichtskosten bezahlt. Und ich soll mich mit diesem Dreck beschäftigen. Ging gar nicht! Jedenfalls nicht länger als zehn Monate, in denen ich gute Miene zum bösen Spiel machen musste, weil meine Urteile von höheren Richtern stichprobenartig auf Qualität geprüft wurden.

6

Traumberuf Strafrichter

Mein Traumberuf war Richter am Strafgericht im Justizpalast gleich gegenüber. Wenn mir hier ein Angeklagter dumm kommt, dann gibt es Saures. Als Strafrichter am Amtsgericht ist man König im Mikrokosmos. Man ist zwar nur zuständig für Angeklagte, deren Nachname zum Beispiel mit T anfängt, hat für diese Personengruppe aber große Machtbefugnisse. Im Guten wie im Bösen. Es ist angewandte Psychologie vom Feinsten.

Das Strafgericht ist immer eine Bühne. Alles muss »live« verhandelt werden. Im Gegensatz zum Zivilrecht spielen Akten kaum eine Rolle. Und niemand auf der Welt wird so oft angelogen wie der Strafrichter. Vom Angeklagten, der seine Tat leugnen oder zumindest in mildem Lichte zeichnen will. Von Zeugen, die den Angeklagten entweder besonders gut oder besonders schlecht aussehen lassen wollen. Die psychologische Herausforderung besteht darin, Lüge von Wahrheit zu unterscheiden.

Glücklicherweise verabscheute die Mehrheit meiner Richterkollegen die Arbeit als Strafrichter, weil es ihnen als Gutmenschen naturgemäß schwer fiel zu strafen, also anderen wehzutun. Außerdem scheuten die schwachen Persönlichkeiten unter ihnen die harte Auseinandersetzung, die häufig zwischen dem Richter und bissigen Strafverteidigern geführt wird.

Mich hat einmal ein als besonders aggressiv berüchtigter Strafverteidiger in einem einzigen gegen Serieneinbrecher geführten Prozess elfmal wegen Befangenheit abgelehnt. Schließlich zeigte er mich wegen des Verbrechens der Rechtsbeugung an und sprach in seinem Plädoyer von mir deshalb durchgängig als Beschuldigten.

Er verzögerte das Verfahren über Wochen, beleidigte mich aufs Heftigste, tobte und schrie – lauter als meine leidenschaftlichsten Gespielinnen! Alles vergeblich. Am Ende erhielten die Serieneinbrecher ihre gerechte Strafe. Die Nerven, das durchzustehen, haben die wenigsten und lassen sich nach so einem als von ihnen als traumatisch empfundenen Erlebnis schnell wieder ins ruhige langweilige Zivilrecht versetzen.

Die Abneigung vor dem Strafrecht gerade bei Proberichtern wie mir war besonders groß, weil sie Angst vor dem Oberrichter hatten, der im Strafrechtsdezernat das Sagen hatte. Der Mann hatte einen Ruf wie Donnerhall. Er war nicht nur unerbittlich gegenüber Angeklagten, sondern auch gegenüber Jungrichtern, die weniger erbarmungslos urteilten als er selbst. Ein Wiederholungstäter hatte extra geheiratet und den Namen seiner Frau angenommen, um der Zuständigkeit dieses Oberrichters zu entkommen. Doch umsonst. Der Oberrichter hatte die Vertretung des für den neuen Anfangsbuchstaben zuständigen Kollegen übernommen. Der Angeklagte erlitt bei seinem Anblick einen Nervenzusammenbruch.

Dieser Oberrichter war meine Chance, um dem verhassten Zivilgericht vorzeitig zu entfliehen. Ich setzte mich inkognito ein paar Stunden als Zuschauer in seinen Gerichtssaal und stellte mich anschließend als junger Kollege vor, der sich nichts Besseres vorstellen konnte, als bei ihm im Strafdezernat zu arbeiten. Je schneller, desto besser. Das war keine anbiedernde Schmeichelei, sondern aufrichtige Bewunderung seiner Tätigkeit im Sinne erfolgreicher Verbrechensbekämpfung.

Und der Oberrichter merkte das sofort. Er war verblüfft. So etwas hatte er noch nicht erlebt. Unverzüglich setzte er alle Hebel in Bewegung, um mich an seine Seite zu holen. Kurze Zeit später hatte ich das wohl größte Dienstzimmer im gesamten Strafjustizpalast mit zwei Fensterfronten und riesigem Konferenztisch. Unsere Botschaft gegenüber unseren Angeklagten verkündeten wir nun unisono: *Wenn wir dich hier noch mal sehen, gibt's das Doppelte! Und danach wieder das Doppelte!*

Unter Strafverteidigern hatte ich ihm schnell den Rang als das Beil von Hamburg-Mitte abgelaufen. Nach gut einem Jahr war seine dienstliche Beurteilung für meine vorzeitige Ernennung als Richter auf Lebenszeit derart positiv, dass der Obergutmensch in der Justizbehörde bei der Übergabe der Urkunde ganz irritiert war.

Endlich. Jetzt war ich völlig unabhängig. In keinem Beruf hat man unumschränktere Freiheiten als ein Richter auf Lebenszeit ohne Karrierecambitionen. Und auf eine Karriere als Richter war ich nicht besonders scharf. Die Prozesse, die man als höherer Richter für 300 Euro mehr Gehalt zu führen hat, sind langwierig und langweilig. Wenn schon Karriere, dann bitte schön richtig als Obermufti der ganzen großen Stadt.

Seit meiner Ernennung auf Lebenszeit hatte ich stets drei Rechtsreferendarinnen zur Ausbildung im Gefolge, wobei sich der Einführungsunterricht hier wirklich auf das Juristische beschränkte. Schnell hatte ich herausgefunden, dass Frauen hier viel fleißiger und hingebungsvoller sind als Männer. Nach kurzer Anleitung waren sie zumeist in der Lage, mir passable Urteilsbegründungen abzuliefern. Wenn es im Gerichtssaal besonders heiß herging, reagierten sie allerdings zuweilen etwas schreckhaft.

In meiner Richterrobe – BILD, 11.6.1999

Ein Angeklagter war von zwei Justizvollzugsbeamten in meinen Saal geführt worden und hatte in der Mitte von ihnen brav auf der Anklagebank Platz genommen. Zur Belohnung und als Vertrauensvorschuss waren ihm sodann von seinen Bewachern die Handschellen abgenommen worden, was sich als Fehler erweisen sollte. Mit erstaunlicher Behändigkeit sprang er während der Verhandlung plötzlich auf und machte Anstalten, meinen Rechtsanwendungstresen hochzuspringen – direkt auf mich und die neben mir sitzenden Referendarinnen zu. Geistesgegenwärtig sprang ich von meinem Stuhl auf und wehrte ihn mit diesem – die Stuhlbeine in Angriffsrichtung haltend – ab. Er wich Richtung offenes Fenster aus, um herauszuspringen.

Dabei übersah er zwei Dinge, die einem bei einer Flucht nicht völlig gleichgültig sein sollten. Zum einen ging es gut zehn Meter abwärts, sodass er rasch Fahrt aufgenommen hätte, um unten zu zerschellen. Zum anderen handelte es sich um einen Innenhof des Justizpalastes.

*

Bereits Ende 1995 brachte ich es erstmalig auf das Titelblatt einer großen Hamburger Zeitung. Die Überschrift lautete: »Wildwest-Justiz – Richter als Revolverheld bedroht Staatsanwalt mit Pistole«. Während einer Verhandlungspause hatte ich einem Referendar der Staatsanwältin entgegen dessen Sträuben nahegelegt, im nachfolgenden Fall das Plädoyer der Staatsanwaltschaft zu übernehmen. Es konnte nur besser werden, zumal die dümmliche Argumentation der Staatsanwältin selbst schwer zu ertragen war.

Beim Gespräch hielt ich tatsächlich eine Pistole in der Hand, die mir vom Justizwachtmeister als Asservat für den nächsten

Fall auf den Richtertisch gelegt worden war. Allerdings hatte ich die Waffe nicht auf den Referendar gerichtet und der Fall lag auch schon sechs Monate zurück. Er spielte zu einer Zeit, als ich noch Richter auf Probe war, und er hätte mir gefährlich werden können.

Jetzt ging mir die Geschichte am Arsch vorbei.

7

Das Autokratzer-Urteil

Mit einem einzigen Urteil wurde ich im Oktober 1996 deutschlandweit bekannt. Ich hatte eine Frau, die nachts im Schutze der Dunkelheit zahlreiche geparkte Autos zerkratzte, zu zwei Jahren und sechs Monaten Gefängnis verurteilt – wohlgemerkt ohne Bewährung!

Das Zerkratzen von Autos war als Ausdruck des Sozialneids zunehmend zu einer Art Volkssport geworden. Überall waren am Straßenrand geparkte Autos verunstaltet. Die wenigen Täter, die überhaupt erwischt wurden, kamen bei Staatsanwälten und Richtern mit einer Einstellung des Verfahrens davon.

Nun werden mit Strafen heutzutage drei Zwecke verfolgt: Erstens die Sühne des Täters. Zum Ausgleich des durch seine Tat entstandenen Unrechts wird ihm ein »Strafübel« zugefügt, zum Beispiel ein Aufenthalt im Gefängnis. Zweitens soll der Täter abgeschreckt werden, so eine Tat ein weiteres Mal zu verüben. Drittens sollen andere tatgeneigte Menschen im Volke abgeschreckt werden, so eine Tat zu begehen.

Der letztgenannte Strafzweck, die sogenannte Generalprävention, ist der politische Teil der strafrichterlichen Tätigkeit. Ich war berufen, innerhalb des möglichen Strafrahmens ein Exempel zu statuieren, um der Allgemeinheit zu zeigen, dass es sich beim Zerkratzen von fremden Autos um strafbare Sachbeschädigung und nicht um ein Kavaliersdelikt handelt.

Der empörte Aufschrei aller Gutmenschen ließ nicht lange auf sich warten. Um der Empörung noch mehr Nachdruck zu verleihen, behaupteten linke Medien kurzerhand, die arme Frau sei psychisch krank gewesen. Ihre erlebte Enttäuschung gegenüber Männern habe sich bei der Beschädigung des Autos als Phallussymbol ein Ventil gesucht. Ideologisch durchtränkte Küchenpsychologie für Anfänger. Alles frei erfunden. Aber hörte sich gut an.

Mein Etikett als »Richter Gnadenlos« war geboren. Sogar die *New York Times* widmete mir später einen Artikel als »Judge Merciless«. Viel Feind – viel Ehr! In meiner Stammdisco, der »Insel« am Alsterufer, wurden mir von gebeutelten Ferrari-Fahrern so viele Drinks eingeflößt, dass ich nicht mehr wusste, ob oder wie ich nach Hause kam. Sogar Dieter Bohlen bedankte sich artig.

Es gibt eben zwei Arten von Richtern. Die einen haben mehr Mitleid mit den Tätern. Und die anderen haben mehr Mitleid mit den Opfern. Ich hatte immer sehr viel Mitleid mit den Opfern. Dass es sich bei diesen Opfern um reiche Säcke handelte, war die absolute Ausnahme.

Als das Autokratzer-Urteil nach einigen Wochen in den Medien abgefeiert war, hatte ich plötzlich einen Reporter in der Telefonleitung. Er wollte eine große Geschichte über mich als Person schreiben und sich zwecks näherer Erörterung mit mir in meiner Stammkneipe treffen. Als ich Bedenken wegen meiner richterlichen Zurückhaltungspflicht äußerte, wurde sein Ton barsch und ein wenig drohend. Er würde die Story über mich so oder so schreiben. Über mich seien so viele Gerüchte im Umlauf, dass er mich auch in der Luft zerreißen könne, wenn ich nicht kooperierte. Am Ende traf ich mich mit ihm und verlebte einen unterhaltsamen Abend mit einem netten Journalisten, von dem ich viele interessante Dinge erfuhr. Er dankte es mir mit einem durch und durch positiven Artikel in einer Zeitung, die mir bisher wenig Herzenswärme entgegengebracht hatte.

8

Blutrünstiger Schlachter

Als es um meine Person längst wieder ruhig geworden war und die auf Sensationen wartenden Journalisten meinem Gerichtssaal gelangweilt den Rücken gekehrt hatten, bekam ich einen Fall auf den Tisch, der mich fassungslos machte. Nicht wegen des Verhaltens des Beschuldigten, sondern wegen der Reaktion meiner Kollegen darauf.

Ein pensionierter Fleischermeister hatte einen Mietprozess verloren und suchte den zuständigen Richter in seinem Dienstzimmer des Ziviljustizpalastes auf, um mit ihm abzurechnen. Er jagte den wegen der Herausgabe eines Mietrechtskommentars unter Juristen deutschlandweit bekannten Richter unter Vorhalt eines großen Messers um dessen Schreibtisch. Immer wieder versuchte er hierbei, auf den Körper des laut um Hilfe schreienden Richters einzustechen. Der Richter konnte tiefe Stiche in seinen Leib nur dadurch verhindern, dass er seine bloßen Hände schützend vor sich hielt. Bevor herbeigeeilte Kollegen den Angreifer festhalten konnten, erlitt der Richter eine leichtere

Stichwunde im Bauchbereich sowie schwere Stich- und Schnitt-
verletzungen an beiden Händen.

Der Sachverhalt war unbestritten. Als glasklarer versuchter
Totschlag also ein Fall fürs Schwurgericht mit nach oben un-
begrenzter Strafgewalt. Trotzdem klagte die Staatsanwaltschaft
nur wegen gefährlicher Körperverletzung an und zwar bei mir,
dem kleinen Amtsrichter.

Ich meinerseits verwies den Fall auf schriftlichem Wege an
das Schwurgericht. Das Schwurgericht verwies die Sache an
mich zurück und argumentierte, der Richter habe nur eine kleine Wunde am Bauch erlitten. Die schweren Verletzungen an
seinen Händen habe er sich schließlich selbst zugefügt, indem
er ins Messer gegriffen habe. Das war ungeheuerlich! Das war
menschenverachtend! Der Richter hatte ins Messer des Angrei-
fers gegriffen, um tiefe Stiche in seinen Körper abzuwehren, um
sein Leben zu retten! Und jetzt wird er dafür vom Schwurgericht
auch noch verspottet.

Plötzlich ging mir der Fall von Monica Seles durch den Kopf,
die ein fanatischer Fan von Steffi Graf auf dem Tennisplatz in den
Hals gestochen hatte. Auch dieser Täter war von der Hamburger
Justiz nur wegen gefährlicher Körperverletzung und nicht wegen
versuchten Totschlags verurteilt worden. Zu einer läppischen
Bewährungsstrafe. Und die unzähligen anderen Fälle, in denen
Gericht, Staatsanwaltschaft und Verteidiger zusammenwirken,
um den Tötungsvorsatz herunterzuspielen. Immer mit dem Ziel,
dem Angeklagten eine angemessenen Bestrafung zu ersparen. In
welchem Nest war ich bloß gelandet?

Und wie recht hatten meine Mitmenschen, die sich bei mir
immer wieder über die Justiz beklagten, die sie dem Verbrechen schutzlos ausliefere. Ich war Teil von ihr. Voll peinlich! Ich
schämte mich für meine Kollegen.

Der Tag meiner großen Abrechnung kam im August 1997. Es herrschte Wahlkampf in Hamburg. Auch der Erste Bürgermeister, wie der Ministerpräsident in Hamburg heißt, hatte das Versagen der Justiz erkannt. Henning Voscherau bezeichnete sie kurzerhand als zu lasch, zu lau und zu langsam. Nur war er als SPD-Bürgermeister seit acht Jahren verantwortlich und hatte bisher nichts getan, weil das in seiner Partei nicht so angesagt war.

Mein Gerichtssaal war voller Journalisten, die auf den Showdown warteten. Der blutrünstige Fleischermeister erschien an der Seite einer elegant gekleideten Starverteidigerin. Natürlich als freier Mann, trotz seiner abscheulichen Tat. Der Miet-Richter sagte als Zeuge aus und schilderte in plastischer Weise seinen Überlebenskampf. Die Staranwältin erwartete eine Verurteilung ihres Mandanten zu einer Bewährungsstrafe – wie üblich in solchen Fällen. Aber es kam anders.

Ich verwies den Fall erneut – aber nun bindend – an das Schwurgericht wegen versuchten Totschlags. Aufgrund des nun bis zu 15 Jahren Gefängnis reichenden Strafrahmens erließ ich einen Haftbefehl wegen Fluchtgefahr und ließ den Angeklagten noch im Gerichtssaal verhaften. Meine Generalabrechnung mit Hamburgs Justiz gipfelte in den Worten: »Hamburg hat ein Herz für Verbrecher«. Als der Angeklagte schließlich in Handschellen abgeführt wurde, brach seine Verteidigerin vor laufenden Kameras in Tränen aus.

9

Rache-Engel

Die in solchen Situationen nun folgende Berichterstattung der Medien gleicht einem Ping-Pong-Spiel: Am ersten Tag nach dem Fleischereimeister-Prozess wurde dem Fall und meiner Justizkritik in allen Medien breiter Raum eingeräumt. Am zweiten Tag danach kamen meine Kritiker zu Wort. Die Crème de la Crème der Hamburger Justiz tobte und bezichtigte mich der Nestbeschmutzung. Meine Kritik sei völlig überzogen. Genau genommen sei überhaupt nichts zu beanstanden. Die Gerichte seien schließlich unabhängig. Ich hätte den Gerichtssaal als Bühne missbraucht.

Für mich war die Sache damit erledigt, und als mich der Chefredakteur der *Hamburger Morgenpost* um ein großes Interview bat, lehnte ich ab. Eine Stunde später berichtete mir ein Kollege allerdings von einer Begebenheit, die mich meine Zurückhaltung sogleich wieder aufgeben ließ. Er hatte als Vorstandsmitglied des Hamburgischen Richtervereins am Vortag einer Unterhaltung unter höchsten Hamburger Richtern beigewohnt, in der erörtert worden sei, wie man mich durch ein psychiatrisches Gutachten kaltstellen könne. Der Richterkollege war darüber derart erschüttert, dass er die ganze Nacht kein Auge zugetan hatte.

Jetzt gab es nichts mehr zu verlieren, was nicht schon verloren war. Also Feuer frei ohne Rücksicht auf Verluste. Ich rief den Chefredakteur der *Hamburger Morgenpost* an und vereinbarte noch für den selben Nachmittag ein Interview.

Vier Tage hintereinander gehörten die jeweils ersten vier Seiten der Zeitung mir und meiner Justizkritik. Sogar der amtierende Bundesjustizminister ergriff für mich Partei. Leserbriefe gingen waschkörbeweise ein. In Leitartikeln wurde dem Ersten Bürgermeister nahegelegt, mich zu engagieren, um dem Verbrechen in der Stadt Herr zu werden.

■ „Warum eigentlich hat man das Teeren und Federn abgeschafft?"

Richter Gnadenlos: das Tagebuch

Über 90 Prozent der Deutschen sind laut „Bild"-Zeitung der Meinung, die deutschen Richter richteten zu milde. Doch es gibt Richter, die sich dieses Urteil des Volkes zu Herzen nehmen und hart durchgreifen – im Namen des Volkes –, wie das Tagebuch eines Amtsrichters beweist, das vor dem Hamburger Justizgebäude gefunden wurde. Die Identität seines Verfassers ist uns nicht bekannt.

10. März: Zweieinhalb Jahre sind zuwenig (autokratzende Furie), mehr war nicht durchzukriegen. Es wird der Tag kommen, an dem solche Subjekte die Scheiße von Bahnschienen kratzen lasse. Sie hat fast gewonnen! Die hätte mir die Stiefel geleckt für eine mildere Strafe.

22. Juni: Der indische Kanake kann von Glück sagen, daß das Gesetz nicht mehr hergibt als zweieinhalb Jahre. Hat dem deutschen Volk die Arbeit weggenommen – ohne Aufenthalts- und Arbeitserlaubnis. Öffentliches Auspeitschen (flankierend) wäre wirkungsvoll.

23. Juni: Morgens lange vorm Spiegel: Ich kann warten. Das Volk wird mich fürchten und lieben: Verbrecher, Zigeuner und sonstiges Gesindel werden vor mir zittern. Abends wieder vorm Spiegel: Peitsche steht mir sehr gut.

24. August: Der Chefredakteur der *Hamburger Morgenpost* baut

mich auf, macht mich zum Titelhelden. „Wütender Rächer" will er mich nennen, und „Richter Gnadenlos". Morgen gehören die Seiten 1 bis 3 *mir*. 21 Uhr: Noch mal mein Interview gelesen und mein Foto angeschaut. Es ist mir rätselhaft, warum immer noch keine Frauen angerufen haben, die sich mir hingeben wollen. Diese eingebildeten Emanzen werden ihre Arroganz noch bereuen, die nächste Ladendiebin geht in den Bau. Warum eigentlich hat man so wirkungsvolle Strafen wie das Teeren und Federn abgeschafft?

25. August: *Mopo*-Chef Mathias Döpfner mußte sich pro forma von meinen härteren Urteilen distanzieren, hat dies clever gemacht: Der „wütende Rächer" ehrt mich, und daß ich den „Finger in die Wunde gelegt (hätte), die bisher mit politischem Filz gestopft wurde", war ein kerniger Schlußsatz. D. später zum Propaganda-Chef machen!

25. August: „Kaltstellen" will mich der Richterverein, mit einem psychiatrischen Gutachten! Haha! Weiß jetzt, warum keine Frauen anrufen, die mir die Stiefel lecken wollen: Man manipuliert mein Telefon. Döpfner muß helfen.

1. September: Lady Di ist abgekratzt! Mein Rekord (drei erste *Mopo*-Seiten) ist im Eimer. Sie hat die ersten 30. Dafür könnte ich sie

umbringen, die Schlampe!

2. September: Es geht voran. Der *Stern* hat mich interviewt, ist auf meiner Seite (Pro-forma-Distanzierung geht klar)! *Focus*, Springer sowieso, RTL, Sat.1 und das ZDF werden folgen. Habe dem *Stern* gesagt, daß ich nichts gegen die Todesstrafe hätte, wenn sich eine parlamentarische Mehrheit dafür fände. Das 68er-Geschmeiß wird kochen, das Volk mir zujubeln. Vielleicht Österreich heimholen.

4. September: HH1 hat mir nach dem *Stern*-Interview eine Talkshow gewidmet, mit Weicheiern von Jungrichtern, Anwälten und Bullen. Habe sie mit ihrem Gekeife gegen die Todesstrafe als antiamerikanisch entlarvt.

26. September: Talkshow bei N3, bundesweit. Habe beredt die Resozialisierungs- und Weltverbesserungseuphorie der siebziger Jahre der Lächerlichkeit preisgegeben. Karasek, der Literaturfuzzi, hat mir zugestimmt. Die Bedeutung der Erbanlagen für das Verbrechen erklärt und Juso-Tante an den Rand des Nervenzusammenbruchs gebracht!

27. September: Vorm Spiegel. Dieses Volk braucht Gerechtigkeit, Zucht und Ordnung. Dieses Volk braucht Führung. Dieses Volk braucht mich.

Joachim Frisch

Mein angebliches Tagebuch – taz, 10.10.1997

Der Chefredakteur, der später der mächtigste Verlagschef Deutschlands werden sollte, hatte mal eben seine Kampagnenfähigkeit unter Beweis gestellt. Ich wusste, dass ich und meine Sache ihm gleichgültig waren. Aber in diesen Tagen zogen wir am selben Strang. Sein Motto war knallhart: Wer mit uns im Aufzug nach oben fährt, den begleiten wir auch, wenn der Aufzug anschließend wieder nach unten fährt.

Und bei mir ging's schon zwei Wochen später wieder abwärts, als ich dem *Stern* ein großes Interview gegeben hatte. Wie beiläufig hatten mich die netten Redakteure nach meiner Meinung zur Todesstrafe gefragt. Natürlich war ich nicht so dumm zu antworten, ich sei dafür, sondern relativierte und schränkte ein: »In Fällen bestialischer Morde wäre ich nicht dagegen, wenn sich dafür eine parlamentarische Mehrheit fände.« Ein glatter Tabubruch! Das »Zündeln« mit der Todesstrafe entlarvte mich als »Rache-Engel«.

Alle meine Gegner, die während der Kampagne in Deckung gegangen waren, eröffneten nun das Feuer auf mich. Die Attacken kamen jetzt sogar von allerhöchster Stelle. Der Erste Bürgermeister griff mich im Fernsehen an, während ich selbst gerade in einer Talkshow um meine Positionen kämpfte. Der ehrwürdige Präsident des Hanseatischen Oberlandesgerichts wurde sogar lyrisch, als er von meinem Dienstzimmer sprach, das nur einen Steinwurf entfernt sei von dem Ort, wo dereinst die Guillotine ihr unheilvolles Werk verrichtete.

Ich war demontiert und hatte meine Positionen durch einen völlig unnötigen Tabubruch zum Abschuss freigegeben. Insbesondere linke Medien stürzten sich jetzt auf mich und verloren dabei jedes Maß.

Droge Sex

Ich sollte eine zweite Chance bekommen, weil meine Gegner die Gelegenheit ungenutzt ließen, mich jetzt ins Zivilrecht zwangszuversetzen. Als sie dies zwei Jahre später tatsächlich taten, war es zu spät, mich noch aufzuhalten.

Der Stress in dieser Phase meines Lebens war mörderisch. Mir standen zwei Mittel zur Verfügung, ihn abzufedern und zu kompensieren. Zum einen half mir meine Droge Tavor, dessen mittlerweile bedenklich hohe Dosierung ich in der nun anbrechenden Ruhephase wieder langsam nach unten fahren konnte. Zum anderen half mir meine Droge Sex. Und ich hatte glücklicherweise ein weibliches Wesen an meiner Seite, das alle vier Merkmale einer Traumfrau perfekt erfüllte:

Sie hat immer Lust auf Sex.

Sie liebt und kann Fellatio.

Sie kann beim Sex Stöhnen und Schreien nicht unterdrücken.

Sie gibt dem Mann das Gefühl, dass sie gerade auf ihn besonders abfährt.

Für unsere Auftritte in Swingerclubs betätigte sie sich als Maskenbildnerin. Angeklebter Oberlippenbart aus Echthaar, Farbe und Gel in die Haare sowie Brille mit Fensterglas. Ich war nicht wiederzuerkennen. Dachten wir. Plötzlich trieben wir es nur wenige Meter entfernt von einem mir nicht wohlgesinnten Strafverteidiger, der sich offenbar mit seiner Sekretärin vergnügte. Er schaute rüber und erkannte mich sofort. Ist aber noch mal gut gegangen.

Meine meist konservativen Anhänger sollten von dieser eher dunklen Seite ihres Idols besser nichts erfahren. Bei der heutigen

Dichte medialer Überwachung scheitern viele Politiker daran, dass sie privat den geweckten Erwartungen ihrer Anhänger nicht entsprechen. Die im Jahre 2013 schließlich erschienene Titelschlagzeile »Ex-Senator Schill – Ärger im Swingerclub« hätte mir vor der Wahl 2001 viel mehr geschadet als jede Befürwortung der Todesstrafe.

Ich hatte Jackie bereits ein Jahr zuvor im August 1996 kennen- und lieben gelernt. In meiner Stammdisco »Insel« an der Außenalster traf ich sie in Begleitung ihrer besten Freundin. Trotz einer geheimnisvollen Anziehungskraft, die wir wohl schon in diesem Moment füreinander empfanden, verabschiedete sie sich nach kaum einer Stunde und weigerte sich, mir ihre Telefonnummer zu geben. Sie habe sich gerade von ihrem Gatten getrennt und noch nicht den Kopf frei für eine neue Beziehung. Vom prächtigen Balkon der »Insel« musste ich zusehen, wie sie an der Seite ihrer Freundin in einem Ferrari Testarossa davonfuhr.

Vom Balkon auf die Alster schauend, dachte ich darüber nach, dass ich eigentlich überhaupt nichts gegen verheiratete Frauen habe. Jedenfalls solange sie nicht mit mir verheiratet sind. Sie sind selten gestresst vom Job und trotzdem meist gut bei Kasse. Während ich gerade darüber sinnierte, woran das wohl liegen mag, wurde ich durchs Quietschen von Ferrari-Bremsen aufgeschreckt. Es öffnete sich die Beifahrertür und meine neue Traumfrau schickte mir ein zauberhaftes Lächeln. Ihre Freundin hatte sie für verrückt erklärt, weil sie mit mir keine Telefonnummern ausgetauscht hatte und war kurzerhand umgekehrt. Jackie war überrascht, mich immer noch auf dem Balkon stehend anzutreffen und fragte, ob ich etwa auf sie gewartet hätte. Ich erinnerte mich eines alten Filmes mit Robert Redford und antwortete voll theatralisch: »Ja ... mein ganzes Leben.«

Wir lachten herzlich über diesen wunderbaren Kitsch und küssten uns leidenschaftlich. Für den nächsten Tag lud sie mich zu einer Kutschfahrt ein – mit ihr als Kutscherin! Ich ging zwar gelegentlich ausreiten, aber das war ein neues Erlebnis für mich. Schon unser erster Sex war gigantisch. Sie kam viermal zum Orgasmus und ihre Schreie tosten durch den Wald. Ein Wahnsinn! Sie würde mich süchtig machen. Oder war ich es schon? Jedenfalls war ich mal wieder an der Scheide meines Lebens. Nichts beseelt mich mehr als der weibliche Orgasmus – je intensiver und öfter, desto besser! Später trieben wir es zur Perfektion und sie kam 20 Mal innerhalb einer Stunde. Bis sie einmal sogar einen Hörsturz erlitt.

Was dem Geigenvirtuosen die Stradivari war, das war sie mir. Das perfekte Instrument, dem ich immer neue, immer einzigartigere Klänge zu entlocken trachtete.

Als ich einige Jahre später mit einem Rceder über eine Parteispende verhandelte, meinte er plötzlich unvermittelt, das männliche Alphatier schöpfe seine Kraft aus dem weiblichen Orgasmus. Ich verstand nicht ganz, was das mit den dringend benötigten Ständern für unsere Plakate zu tun haben sollte. Aber er hatte recht. Noch so ein Verrückter! Jahre später machte er sich an Jackie heran.

11

Hauptstadt des Verbrechens

Die durch die Wahl 1997 an die Macht gekommene rot-grüne Regierung bestand durchweg aus Gutmenschen und Alt-68ern. Der neue Erste Bürgermeister konnte kaum einen Satz sprechen, ohne seinen Wortfluss mehrere Male durch »äh« zu unterbrechen. So etwas passiert Leuten, die schneller reden als denken. Dabei redete er schon sehr langsam.

Die für die Sicherheit der Stadt verantwortlichen Senatoren ließen keine Gelegenheit aus, Hamburg nun endgültig zur Hauptstadt des Verbrechens heranreifen zu lassen. Verbrecher waren in ihren Augen Opfer der Gesellschaft. Deshalb hatte die Gesellschaft an ihnen etwas wiedergutzumachen. Keinesfalls durfte man es sich so einfach machen, sie einfach wegzusperren.

Insbesondere die vielen schon zuvor strafunwilligen Jugendrichter erhielten nun noch mehr Unterstützung, wenn sie Seriengewalttäter immer wieder auf ihre Opfer losließen. Ganze Stadtteile wurden von ihnen terrorisiert. Sie hatten Narrenfreiheit. Polizisten hatten sie schon 80 Mal beim Überfall auf Mitschüler erwischt und mussten sie trotzdem laufen lassen. Es gab Opfer, die in dieser Ausweglosigkeit keinen anderen Ausweg sahen, als sich vor die fahrende S-Bahn zu werfen. Ein bei allen Nachbarn beliebter Lebensmittelhändler wurde für ein paar Mark von einem dieser Seriengewalttäter abgestochen. Man hatte den jungen Verbrecher ganz in der Nähe in einer Villa untergebracht und verhätschelte ihn dort mit ein paar Sozialpädagogen.

Gern schickte man die jungen Verbrecher auch auf sogenannte erlebnispädagogische Reisen in ferne exotische Länder. Die Botschaft sprach sich unter ihresgleichen schnell herum. Wer nach Neuseeland wollte, musste zuschlagen, rauben und erpressen.

Gleichzeitig explodierte der Drogenhandel auf der Straße. Schwarzafrikanische Dealer trugen in Plastik eingeschweißte Kokainkügelchen im Mund, während sie – u. a. auch gern vor Schulen – auf Kundenfang gingen. Wenn Polizisten sie dabei beobachteten und ergriffen, verschluckten sie die Kügelchen und die Beweismittel waren unerreichbar. Einige warfen sich aber auch in theatralischer Weise laut schreiend zu Boden und behaupteten, von der Polizei geschlagen worden zu sein. Die rot-grüne Koalition prangerte im Chor mit linken Medien einen Polizeiskandal an und schuf eine sogenannte Polizeikommission, die der Polizei nun auf die Finger schauen sollte. Eine einzige Beschuldigung durch einen schwarzafrikanischen Drogendealer reichte zumindest erst mal für eine Beförderungssperre, bis alles in Ruhe aufgeklärt war.

Viele Polizisten wurden auch angeklagt und einige landeten bei mir vor Gericht. Ich brandmarkte den Polizeiskandal als Erfindung der Politik und sprach frei. Die Staatsanwälte mussten auf Befehl der Politik Berufung einlegen, verloren aber durch alle Instanzen. Am Ende hatten es die Dealer nicht mehr nötig, die Kokainkügelchen zu verschlucken. Kaum ein Polizist traute sich noch, sich ihnen auch nur zu nähern. Die Motivation der Polizei war auf dem Nullpunkt und Hamburg ein Schlaraffenland für Verbrecher.

Nach dem glimpflichen Ausgang eines gegen mich wegen massiver Verletzung des richterlichen Mäßigungsgebotes geführten Disziplinarverfahrens zog ich mich die nächsten eineinhalb Jahre auf meine richterliche Tätigkeit zurück. Auch die Strafanzeigen diverser von mir verunglimpften Richterkollegen verliefen im Sande. Ich konnte aufatmen und die reizvollen Dinge genießen, die das Leben in Fülle für mich bereithielt. Ich steuerte Segeljachten durch die karibische Inselwelt und ging mal wieder ausreiten. Das Windsurfen bei starkem Wind und hohen Wellen ließ mich die Naturgewalten schmecken. Was für ein geiles Gefühl von Freiheit!

Am Ende erlernte ich zusammen mit Jackie sogar noch das Fallschirmspringen. Meine anfänglichen Bedenken hatte sie mir umgehend als Feigheit ausgelegt. Um mein Gesicht nicht zu verlieren, musste ich mich immer wieder aus kleinen wackeligen Flugzeugen in die Tiefe stürzen. Ich fiel raus wie ein nasser Sack, konnte dafür aber dank meiner Segelerfahrung am vorbestimmten Ort präzise landen, während andere schon mal aus Baumkronen gerettet werden mussten.

12

Rote-Flora-Prozess

Im Mai 1999 war das unbeschwerte Leben dann plötzlich wieder vorbei. Ein hochpolitischer Fall mit ungeheurer Sprengkraft war unversehens auf meinem Richtertisch gelandet. Er und der mir eigene Umgang mit ihm sollte mein ganzes Leben umkrempeln. Ich sollte alles verlieren, was mir zu dieser Zeit lieb und teuer war. Als Angeklagter eines Verbrechens sollte ich mich vor dem höchsten deutschen Strafgericht verantworten müssen – dem Bundesgerichtshof in Leipzig. Doch am Ende eines langen Kampfes wartete ein grandioser Sieg.

Die Flora war ein etwas bunkerartig anmutendes Gebäude, das ehemals als Theater konzipiert, später als Kino und zu meiner Kinder- und Jugendzeit als Billigkaufhaus genutzt wurde. Ich wohnte damals gleich um die Ecke, und auch später, als die Hausbesetzer von ihm Besitz ergriffen hatten, wohnte ich nur zehn Gehminuten entfernt. Da es sich bei den Hausbesetzern um linke Chaoten handelte, wurde die Flora fortan »Rote Flora« genannt. Sie wurde von den SPD geführten Regierungen in Hamburg als rechtsfreier Raum geduldet, wie vorher schon die Häuser an der St.-Pauli-Hafenstraße.

Die illegalen Besetzer hatten Narrenfreiheit, da es der Polizei verboten war, das Gebäude zu betreten und sie zu stören oder gar zu überprüfen. Strom, Wasser etc. erhielten sie kostenlos. An besonderen Tagen, wie dem 1. Mai, war das Gebäude Ausgangspunkt von schweren Krawallen mit verletzten Polizisten, eingeschlagenen Fensterscheiben und brennenden Barrikaden.

Ende 1998 waren nun Polizisten, die auf der Straße vor der Roten Flora einen Drogendealer festgenommen hatten, von zahlreichen Besetzern umringt und unter Androhung von Gewalt zu dessen Freilassung aufgefordert worden. Ihnen blieb nichts anderes übrig als zu gehorchen. Der Rädelsführer sollte sich am 19. Mai 1999 vor mir als Richter verantworten. Ich benötigte nicht viel Fantasie, um mir vorzustellen, dass seine Freunde die Zuschauerbänke meines Gerichtssaales bevölkern würden. Und zwar auf eine passende Gelegenheit lauernd, um gegen mich als in ihrer Szene besonders verhassten »Richter Gnadenlos« vorzugehen. Ich bereitete mich entsprechend vor, in dem ich knapp 100 gut bewaffnete Polizisten zum Schutze meiner Gerichtsverhandlung anforderte. Sie wurden von mir angewiesen, sich in meinem großen Dienstzimmer verborgen zu halten, das durch eine zweite Tür direkt mit meinem Gerichtssaal verbunden war. Das Wichtigste einer guten Strategie ist der Überraschungseffekt.

Wie erwartet drängten sich die linken Chaoten neben zahlreichen Reportern auf den Zuschauerbänken. Die Hälfte von ihnen musste draußen ausharren, da sie im Saal trotz seiner Übergröße keinen Platz gefunden hatten. Die ersten zwei Stunden der Gerichtsverhandlung verliefen ohne Zwischenfälle. Über das eigentlich störende ständige Betreten und Verlassen des Saals durch die Anhänger des Angeklagten sah ich großzügig hinweg. Auch war es nie meine Art, durch eine rüde Verhandlungsführung zu provozieren und der Verteidigung dadurch Gelegenheit für lästige Befangenheitsanträge zu geben. Die Abrechnung mit dem Angeklagten behielt ich mir stets – wie auch in diesem Falle – für die mündliche Urteilsbegründung vor.

Ausgerechnet vor der Urteilsverkündung kam es nun aber doch noch zum Eklat. Einer der Zuschauer weigerte sich, aufzustehen und dem Gericht die in diesem Moment gebührende Ehre zu erweisen. Als alles gute Zureden nicht half, drohte ich ihm drei Tage Ordnungshaft an. Er blieb weiter sitzen. Ich ließ ihn durch den Gerichtswachtmeister verhaften, der ihn nun abführen wollte. Das war für die Chaoten das Signal loszuschlagen. Sie wähnten ihre Kräfte haushoch überlegen. Der Wachtmeister mit dem sitzen gebliebenen Zuschauer wurde bedrängt, ihn sofort freizulassen. Zahlreiche andere machten Anstalten, die Barriere zwischen Zuschauerbereich und dem übrigen Gerichtssaal zu überklettern, um jetzt endlich mich selbst anzugreifen. Ein Chaot, der eine ihn dabei zurückdrängende Wachtmeisterin erheblich verletzte, erhielt von mir sogleich ebenfalls drei Tage Haft.

In diesem Moment kamen meine Polizisten zum Einsatz, und es begann eine Saalschlacht, die sich auch auf das angrenzende Treppenhaus des Justizpalastes erstreckte. Den Chaoten gelang es nicht, ihre beiden verhafteten Gesinnungsgenossen zu befreien. Sie konnten in das angrenzende Untersuchungshaftgefängnis abgeführt werden.

Nach Bereinigung der Lage verurteilte ich den Angeklagten zu einer Freiheitsstrafe ohne Bewährung. Die Begründung ließ ich in den Worten gipfeln, Chaoten dürften nicht über Polizisten triumphieren. Nach dem anschließenden Mittagessen in der Kantine verhandelte ich weitere Fälle bis zum späten Nachmittag. Abends veranstalteten die Rotfloristen eine Demonstration

an meinem Dienstzimmer vorbei zum Gefängnis. Ich selbst erhielt Polizeischutz. Tags darauf gab es auf den Titelblättern der
Zeitungen Schlagzeilen von »Rote Flora gegen Schill – Tumulte
im Gericht« bis »Richter Gnadenlos langt wieder hin«. Ich ließ
auf Anraten der Polizei meine Wohnungstür durch einen Sperr-
riegel sichern und erschien erst am Nachmittag im Gericht, um
die Verhandlungen des nächsten Tages vorzubereiten.

Irgendwann in der Zwischenzeit war eine Beschwerde der beiden verhafteten Zuschauer eingegangen, die auf vorzeitige Freilassung drängten. Ich war gehalten, die Akte mit dem Protokoll
der Verhandlung und meiner eigenen dienstlichen Äußerung
dazu an das Oberlandesgericht weiterzuleiten, damit dort eine
Entscheidung getroffen werde. Bedauerlicherweise berücksich-
tigte das von der Protokollführerin angefertigte Protokoll nicht
alle für die Verhängung von Ordnungshaft erforderlichen Voraussetzungen. Gegenüber dem Chaoten, der die Wachtmeisterin
verletzte, um für einen Angriff auf mich freie Bahn zu haben,
hätte die Ordnungshaft zuvor angedroht werden müssen. Auch
wäre ihm anzubieten gewesen, sich dazu zu äußern. Und all dies
sauber protokolliert. Etwas schwierig einzuhalten während einer
Saalschlacht. Ich nahm mir vor, die weitere Vorgehensweise mit
meinen Richterkollegen zu besprechen. Nach entsprechender
Bearbeitung der Akte gab ich sie zwei Tage nach der Verhängung
der Ordnungshaft persönlich beim Oberlandesgericht ab, das die
beiden Zuschauer sodann freiließ.

Drei Wochen später titelte eine große Hamburger Zeitung:
»Muss Richter Schill hinter Gitter?« Die Rechtsanwälte der verhafteten Zuschauer hatten mich angezeigt und behauptet, ich
hätte die Weitergabe der Beschwerden an das Oberlandesgericht
verzögert, um sie im Gefängnis schmoren zu lassen, bis die Haft
ohnehin abgelaufen war. Dadurch hätte ich das Verbrechen der

Rechtsbeugung begangen, das mit mindestens einem Jahr Freiheitsstrafe bedroht sei. Da ich mich an Strafanzeigen dieser Art längst gewöhnt hatte, nahm ich sie nicht weiter ernst. Aber der Vorwurf sollte mich und drei Strafgerichte die nächsten zweieinhalb Jahre beschäftigen.

13

Orgien auf See

Das letzte Jahr des Jahrtausends sollte noch weitere Höhepunkte für mich bereithalten. Da war Anfang Juli 1999 der einwöchige Segeltörn auf einem Zweimaster in der griechischen Inselwelt des Ionischen Meeres. Er wies zwei Besonderheiten auf: Zum einen war nicht ich – wie üblich – der Kapitän, sondern hatte mich dem Kommando des einladenden Jachteigners zu unterwerfen. Zum anderen handelte es sich um ein Swinger-Schiff mit insgesamt fünf sexhungrigen Pärchen an Bord. Es war Letzteres, das mich großzügig darüber hinwegsehen ließ, ausnahmsweise nicht das Sagen zu haben.

Bedauerlicherweise war kurz zuvor die Beziehung zu meiner Freundin Alexandra – einstweilen – an einer von vielen überflüssigen Streitereien zerbrochen. Wo viel Licht ist, ist eben auch viel Schatten. Die Besetzungsliste für die Seereise musste von meiner Seite daher ganz kurzfristig geändert werden. Angesichts des nicht alltäglichen Anforderungsprofils war es selbst für mich nicht ganz einfach, binnen einer Woche passenden weiblichen Ersatz zu finden.

Schließlich hatte ich Glück bei einer Gespielin aus Köln, die ich gut zehn Jahre nicht mehr gesehen hatte. Sie war mir als unersättlich in durchaus angenehmer Erinnerung und hatte den unschätzbaren Vorteil, dass sie mir während der Orgien keine Eifersuchtsszene machen würde. Immerhin war ich ja nicht ihr fester Partner. In Korfu ging es mit den anderen Pärchen an Bord einer gepflegten 18 Meter langen Segeljacht aus Holz. Ein Traum.

Und das Ionische Meer war für die anstehenden Orgien nicht schlecht gewählt. Die Namensgeberin Io war die Geliebte des Gottvaters Zeus. Und Actium, das wir zwei Tage später passierten, war Ort einer der legendärsten Seeschlachten des alten, herrlich dekadenten Römischen Reiches. Der spätere Kaiser Octavian trat hier gegen Marcus Antonius an, der Kleopatra an seiner Seite hatte.

Während wir unter herrlich aufgeblähten Segeln die antike Inselwelt durchkreuzten, fand bereits am nächsten Tag auf dem Deck Gruppensex mit wechselndem Partnertausch statt, der über Stunden zelebriert wurde. Ein Paar hatte sich zur Reise durchgerungen, um der nach mehreren Ehejahren erkalteten Liebe neues Leben einzuhauchen. Nach anfänglichem Zögern und Zaudern ließen auch sie sich mitreißen.

Als wir einige Tage später in der idyllischen Bucht einer kleinen Insel lagen, lief eine andere Jacht ein, deren Skipper ebenfalls zu ankern versuchte. Er stellte sich dabei derart dämlich an, dass sein Anker im Grund nicht fasste und er ihn über eine halbe Stunde lang immer wieder hochzog, um ihn erneut zu setzen. Noch schlimmer war seine spießige Reisegesellschaft, die sich nun anschickte, kaum 30 Meter von uns entfernt Kaffee und Kuchen auf den Tisch zu stellen.

Der Befehl unseres wegen dieser ungebetenen Gesellschaft genervten Kapitäns war eindeutig: »Alles an Deck! Gruppensex jetzt sofort!« Wir ließen uns nicht lange bitten und nebenan wurde der Anker schon wieder hochgezogen. Zum letzten Mal.

14

Reden und Fernsehshows

Im Oktober 1999 war ich erstmalig von einem Ortsverein der CDU eingeladen worden, um über die Ursachen des Verbrechens in Hamburg und die Möglichkeiten seiner Bekämpfung einen Vortrag zu halten. Schon als ich abends in die ruhige Seitenstraße eines gutbürgerlichen Wohnviertels einbog, sah ich das grelle Licht von Fernsehkameras und zahlreiche Journalisten. Scharen von Menschen drängten sich vor der Aula einer Schule, die als Veranstaltungsort auserkoren worden war. Ich war verblüfft, da ich mir meinen Auftritt viel unauffälliger vorgestellt hatte. Selbst der Landesvorsitzende der CDU vermochte kaum mehr als 30 Leute zu mobilisieren, wenn er sprach. Und hier waren Hunderte, die auf »Richter Gnadenlos« warteten.

Zu einem Anflug von Stolz gesellte sich eine böse Vorahnung meine strafrichterliche Zukunft betreffend. Wie sollte ich vor dieser Kulisse meiner richterlichen Mäßigungspflicht genügen, ohne mein Publikum zu enttäuschen? Unmöglich!

Nun gab es kein Zurück mehr. Ich schaltete in den Angriffsmodus. Dem Publikum und den Medien, die ich schon zuvor gern mit überschriftstauglichen Aussagen beliefert hatte, gab ich neue griffige Formeln mit auf den Weg: »Rot-Grün hat das schöne Hamburg zur Hauptstadt des Verbrechens verkommen lassen.« Oder: »Der Senat liefert die Hamburger dem Verbrechen schutzlos aus.« Das zog! Tatsächlich führte Hamburg mittlerweile die Kriminalstatistik an. Aber was ist schon Statistik? Auf die Verpackung kommt es an.

Zusätzlich zu allem Mitgefühl, das ich für die Opfer empfand, erkannte ich, dass sich durch das Versagen der politisch Verantwortlichen des Stadtstaates eine große Marktlücke aufgetan hatte, die ich fortan systematisch zu vergrößern trachtete. Und nur ich als »Richter Gnadenlos« konnte diese Lücke schließen. Wo Milde mit dem Füllhorn ausgeschüttet, Verbrecher zu immer neuen abscheulichen Taten einlädt, da wird das Schimpfwort »Richter Gnadenlos« zum Prädikat.

Ich hatte in meinem Gerichtssaal eindrucksvoll demonstriert, dass ich nicht nur reden, sondern handeln kann. Daran fehlte es der CDU. Sie war nach über 40 Jahren in der Opposition Teil des politischen Systems geworden und mitverantwortlich für das verheerende Resultat. Man arrangierte sich mit den Sozis, um auch ein paar lukrative Posten abzubekommen. Und der Oppositionsführer Ole von Beust interessierte sich nicht für die Innere Sicherheit.

Meine nun anbrechende Tournee durch CDU-Ortsvereine und der begeisterte Empfang durch jeweils Hunderte Parteimitglieder irritierte die Parteispitze zusehends. War ich ein politischer Gegner oder konnte man mich am Ende einkaufen? Man wusste es zu dieser Zeit nicht und ließ mich erst mal gewähren.

Meine richterliche Mäßigungspflicht hatte ich jedenfalls erneut mit Füßen getreten und stand deshalb logischerweise auf der Abschussliste des achtköpfigen Gremiums namens Präsidium, das immer Ende November über die Geschäftsverteilung des gesamten Gerichts entscheidet. Aber ich hatte einen Trumpf namens »Richterliche Unabhängigkeit«. Das Präsidium war gehalten, bei der Versetzung eines Richters jeden Eindruck einer Strafmaßnahme zu vermeiden. Das galt besonders, solange ein Disziplinarverfahren noch nicht rechtskräftig abgeschlossen war. So hatte ich meinen Kopf bereits zwei Jahre zuvor aus der Schlinge gezogen.

Ich hatte allen eingeflüstert, das Präsidium werde wegen meiner Kritik an einem kalten Novembertag meiner strafrichterlichen Tätigkeit ein Ende bereiten. An dem betreffenden Novembertag 1997 hatte nun ganz Hamburg auf das sonst in aller Stille tagende Gremium gestarrt, weil man meine Strafversetzung erwartete. Das Gremium war zurückgeschreckt und hatte von meiner Versetzung ins Zivilrecht abgesehen.

Im Herbst 1999 spielte ich denselben Trumpf, indem ich meine Strafversetzung unter dem Deckmantel organisatorischer Gründe erneut voraussagte. Außerdem setzte ich auf den Einfluss meiner neuen Freunde in der CDU und einigen Medien. Andererseits wurde der Druck auf das Gericht seitens der rotgrünen Regierung immer größer, mir endlich die Bühne des Strafgerichts zu entziehen.

In dieser Situation wurde mir vom privaten Fernsehsender RTL Nord eine eigene Fernsehsendung angeboten, in der ich wöchentlich meine Kritik zum Besten geben konnte. Jede Woche dreimal 30 Sekunden meine geballte Kritik zu von mir selbst ausgewählten Themen in die Kamera geblasen. Zur besten Sendezeit. Fünf Wochen lang.

Die Regierung kochte vor Wut. Der Gerichtspräsident reagierte wenig effektiv, als er mir nach der ersten Sendung die weitere Nutzung des Gerichtsgebäudes für meine Show untersagte. Die eindrucksvollen Aufnahmen von mir – in wallender Robe durch das Treppenhaus des Palastes stürmend – waren für den jeweiligen Vorspann längst im Kasten. Fortan wurde im noblen Hotel Atlantik gedreht.

15

Mein Ende als Strafrichter

Als neun meiner 20 Strafrichterkollegen wegen meiner Fern-
sehauftritte eine Petition gegen mich unterschrieben, veral-
berte ich sie mit dem Hinweis, sie hätten trotz größter Bemühungen ja nicht einmal eine Mehrheit gegen mich zustande
gebracht. Kurz vor der Entscheidung des Präsidiums forderte
ich die Justizsenatorin bei passender Gelegenheit dazu noch öffentlich zum Rücktritt auf. Jetzt konnte niemand mehr Zweifel
daran haben, dass meine Versetzung ins Zivilrecht eine Strafmaßnahme sein würde. Also eine Verletzung der Richterlichen
Unabhängigkeit. Angeführte organisatorische Gründe wären
eine Farce.

Das Präsidium als Gegner auf meinem Schachbrett war in
die Enge getrieben. Sie hatten nur noch die Wahl zwischen Pest
und Cholera. Sie konnten mir meine Bühne lassen oder gegen
eines der höchsten Verfassungsgüter verstoßen. Sie taten Letzteres und ordneten meine Versetzung ins Zivilgericht für die
Jahrtausendwende an.

Ich hatte eine Schlacht verloren, aber noch nicht den ganzen
Krieg. Um den Preis meiner Versetzung hatten sich meine Gegner offen ins Unrecht gesetzt. Und jeder wusste es. Die Medien
verkündeten es. Niemand glaubte der roten Justizsenatorin, als
sie erklärte, auf die Entscheidung des Präsidiums keinen Einfluss
genommen zu haben.

Kaum jemals hatte ich in Hamburg mehr Rückenwind als
zu dieser Zeit. Als ich auf Einladung ein klassisches Konzert
in der Musikhalle besuchte, brandete Beifall auf. Für sonst so
unterkühlte Hanseaten der feinen Gesellschaft ein Novum. Eine

hübsche Blondine gründete eine Initiative mit dem Namen »Ich will Schill« und bekam massenhaften Zulauf.

Genau zu diesem Zeitpunkt entschloss ich mich, in die Politik zu gehen und Hamburg zu erobern. Sie hatten mir meinen Beruf genommen. Nun werde ich ihnen ihren Beruf nehmen. Ich werde die rot-grüne Regierung stürzen. Ich werde dem Bürgermeister und allen seinen Senatoren ihren Job nehmen. Ganz auf mich allein gestellt mit einer eigenen Partei. All dies binnen eineinhalb Jahren.

Als Märtyrer war ich für die Regierung nun besonders gefährlich. Sie entschlossen sich deshalb, mich endgültig zur Strecke zu bringen, und bedienten sich dazu der Staatsanwaltschaft. Noch im Dezember 1999 titelten die Zeitungen, dass die wegen des Rote-Flora-Prozesses ermittelnden Staatsanwälte mich des Verbrechens der Rechtsbeugung für überführt hielten. Ich soll nach Aussage eines Zeugen in der Gerichtskantine geäußert haben, die von mir verhafteten Zuschauer schmoren lassen zu wollen. Darauf von einem Journalisten angesprochen, räumte ich scherzhaft ein, den Schmorbraten des Kantinenpächters über den grünen Klee gelobt zu haben. Das sei offenbar nicht so ganz richtig verstanden worden.

Aber im Ernst. Wenn sich tatsächlich jemand bereit gefunden haben sollte, so etwas als Zeuge zu behaupten, wäre ich erledigt.

Auch im Übrigen wurde der Ton jetzt rauer. In meine Strafprozesse wurden Staatsanwälte geschickt, die mich wegen Befangenheit ablehnten. Die Anträge waren allerdings so schlecht begründet, dass ich sie eigenmächtig zurückweisen und ihre Urheber der Lächerlichkeit preisgeben konnte. Mein letzter Spaß als Strafrichter.

Die Jahrtausendwende feierte ich mit meiner derzeitigen Freundin Beatrice auf Jamaika im Hedonism 2, dem berühmtesten Swingerhotel der Welt. Als die zahlreichen *college girls* aus den prüden USA ihre Hemmungen im Alkohol ertränkt hatten, ging es orgienmäßig zur Sache. Kurz vor Mitternacht verlegte sich die Gesellschaft – mehr oder weniger bekleidet – auf die Liegestühle des Privatstrandes und erlebte ein Swinger-Feuerwerk vom Feinsten. Welch eine fulminante Vereinigung auf internationalem Parkett. Das ist die wahre, gelebte und geliebte Völkerverständigung.

16

Zivilrichter und kein Ende der Attacken

Nach einem erholsamen Karibikurlaub kehrte ich ins triste Hamburg zurück und zog noch in der ersten Januarhälfte in den gegenüberliegenden Ziviljustizpalast um. Der von Sozis durchsetzten Gerichtsverwaltung war es gelungen, das kleinste und schäbigste Kämmerchen des ganzen Gebäudes für mich freizumachen und mir als neues Dienstzimmer zur Verfügung zu stellen. Es war höchstens halb so groß wie eine Einzelzelle im Gefängnis und gewährte den Blick in einen kleinen dunklen Hof. Der Türrahmen war so niedrig, dass ich beim Betreten und Verlassen meiner Zelle den Kopf einziehen musste.

Entsprechend titelten die Zeitungen »Schill, der Gedemütigte«. In meiner ersten Gerichtsverhandlung hatte ich mich mit einem kaputten Auto, einem Hundebiss und Pfusch am Bau zu beschäftigen. Der Gerichtspräsident ließ die Medien wissen, es werde gegen mich ein Disziplinarverfahren mit dem Ziel meiner endgültigen Entlassung eingeleitet. Wie üblich wegen eklatanten Verstoßes gegen die richterliche Mäßigungspflicht. Ich fand es an der Zeit, ihnen eine kleine Kostprobe von dem zu geben, was ich persönlich unter einem solchen Verstoß verstand, und schoss erst einmal eine volle mediale Breitseite gegen den Ersten Bürgermeister selbst. Ortwin Runde sei mangels repräsentativer und rhetorischer Fähigkeiten kein Aushängeschild für die Stadt. Er tauge daher bestenfalls als Vorsitzender eines Kegelvereins. Er könne keinen Satz sprechen, ohne »äh« zu sagen. Und er sei durch Wahlbetrug an die Macht gekommen, da die SPD mit dem fähigen Bürgermeister Voscherau geworben, dann aber den unfähigen Runde auf den Thron gehoben habe.

Das saß, zumal meine Worte von allen Zeitungen und Fernsehsendern zitiert wurden. Die Staatskanzlei des Bürgermeisters reagierte mit Empörung und kündigte straf- sowie zivilrechtliche Schritte an. Die Zeitungen titelten »Wird Runde Schill verklagen?« Viel Feind, viel Ehr! Und ich hatte mir ein wenig Luft gemacht. Plötzlich fand ich mein neues Amtszimmer gar nicht mehr so klein.

Anfang März wartete dann ein weiteres Erfolgserlebnis. Die Zeitungen berichteten über eine repräsentative Meinungsumfrage, derzufolge acht Prozent der Hamburger Schill wählen würden. Dabei hatte ich noch gar keine Partei. Zur gleichen Zeit engagierte mich das altehrwürdige *Hamburger Abendblatt* als Gastautor zu dem Thema »Ein Richter geht durchs Schanzenviertel« und gewährte mir zwei großformatige Seiten. Zum Schanzenviertel gehört immerhin die Rote Flora! Zu Vorträgen wurde ich nicht nur – wie üblich – von Ortsvereinen der CDU, sondern sogar von der hoch angesehenen Amerikanischen Handelskammer eingeladen.

Für die herrschenden Sozis war das eine bittere Erfahrung. Je mehr sie mich als Richter attackierten, kaltstellten und demütigten, desto größer wurde mein Rückhalt in der Bevölkerung.

Also kam man überein, mich zu kriminalisieren, und hoffte, dass mit einem kriminellen Schill nun wirklich niemand etwas zu tun haben wolle.

17

Anklage und Partei

Ende April erfuhr ich auf dem jährlichen Treffen der Landespressekonferenz im Hotel Grand Élysée von einem mir wohlgesinnten hochrangigen Staatsanwalt, dass eine Anklageerhebung gegen mich wegen des Verbrechens der Rechtsbeugung unmittelbar bevorstehe.

Bisher hatte ich die Katze noch nicht aus dem Sack gelassen und meine seit Monaten gehegte Absicht, wirklich eine eigene Partei zu gründen, verschwiegen. Aber schon die ganze Zeit über war eine in Parteisachen erfahrene Sekretärin damit beschäftigt, aus der waschkörbeweise eingehenden Fanpost eine virtuelle Mitgliederliste mit allen erforderlichen Daten meiner Anhänger zu generieren. Wegen der drohenden Anklage entschloss ich mich, schon für den nächsten Tag eine Pressekonferenz anzuberaumen, um meine eigene Partei in Gründung vorzustellen. Die Anklageerhebung würde dann optisch als verzweifelte Reaktion der Regierung auf meine Parteigründung erscheinen.

Nach der Pressekonferenz titelten die Zeitungen: »Gnadenloser Ernst: Richter gründet Partei und will Innensenator werden – Schill stürmt aufs Rathaus«. Im weiteren Text wurde ich mit den Worten zitiert, ganz Europa lache über die Zustände in Hamburg. Wir hätten Zustände wie in Palermo oder im Chicago der 20er-Jahre.

Der Pflock war eingeschlagen. Jetzt konnte die Anklage kommen. Und sie kam tatsächlich am 5. Mai.

18

Abgrenzung gegen Rechts

Ende Mai bedankte sich der von mir zuvor gelobte Altbürgermeister Voscherau, indem er öffentlich erklärte, Schill könne der SPD bis zu zehn Prozent der Wähler wegnehmen. Ein Ritterschlag!

Gleichzeitig wirkte diese Aussage dem Bemühen meiner Feinde entgegen, mich als rechtsradikal zu diffamieren. Linke Medien hatten schon begonnen, mich als Haider des Nordens zu bezeichnen. Wenn mich aber so viele ehemalige SPD-Anhänger wählen, kann ich unmöglich rechtsradikal sein. Schon sehr frühzeitig hatte ich erkannt, dass eine konsequente und glaubhafte Abgrenzung gegenüber Rechtsextremen oder gar Nazis für mich überlebenswichtig sein würde. Gelänge es meinen Feinden, mich aufgrund nur einer einzigen missverständlichen Äußerung in diese Ecke zu stellen, wäre ich für immer erledigt. Aber es war eine Gratwanderung. Immerhin beklagte ich, dass ausländische Mitbürger weit überproportional an Verbrechen beteiligt waren, die Gefängnisse zu 70 Prozent von Ausländern belegt seien. Auf Plakaten der rechtsradikalen NPD stand »Kriminelle Ausländer raus«.

Um Ressentiments der Bevölkerung gegen Ausländer zu vermeiden, hatten schon diverse Zeitungen ihre Redakteure angewiesen, bei Berichten über Straftaten die Herkunft der meist ausländischen Täter unerwähnt zu lassen. In dieser gefährlichen

Gemengelage war eine ausreichende Immunisierung gegen Rechts nötig, die ich durch vier Schritte vornahm:

Erstens stellte ich mich mit meinem von den Nazis ermordeten Großvater auf eine Ebene und verkündete, er habe für seinen unerschrockenen Kampf gegen den Ungeist seiner Zeit einen viel höheren Preis bezahlt, als ich ihn jemals zu zahlen haben werde. Ich sei – was auch der Wahrheit entspricht – stolz darauf, dass er und meine Großmutter als Kommunisten gegen die Nazidiktatur gekämpft hätten.

Zweitens trat ich – nicht nur, aber auch aus diesem taktischen Grunde – der Deutsch-Israelischen Gesellschaft als Mitglied bei. Für meine Feinde aus der linken Ecke waren die Kampfbegriffe »rechtsradikal«, »ausländerfeindlich« und »antisemitisch« Holz vom gleichen Stamm. Wenn ich aber nicht antisemitisch war, wie konnte ich dann rechtsradikal sein?

Drittens nahm ich Anthony, einen Schwarzafrikaner aus Ghana, gleich bei Gründung meiner Partei in den Vorstand auf. Als ich bei einem CDU-Ortsverein mal wieder gegen das Unwesen der schwarzafrikanischen Drogendealer gewettert hatte, war er aufgestanden und hatte vor laufenden Kameras erklärt, mich unterstützen zu wollen. Er verurteile es ebenso wie ich, dass diese Dealer mittlerweile die Stadt unsicher machten und sein eigenes Ansehen als schwarzafrikanischer Bürger werde dadurch beeinträchtigt. Dieser Mann hatte tausendmal mehr Urteilsvermögen als die ganze rot-grüne Regierung. Ich war stolz darauf, ihn an meiner Seite zu haben, und mochte ihn auch persönlich. Von den Linken wurde er als mein »Alibi-Neger« verhöhnt.

Viertens zitierte ich zu meinem Thema Ausländerkriminalität gebetsmühlenartig den amtierenden SPD-Bundeskanzler Gerhard Schröder. Er selbst hatte ganz in rechtspopulistischer

Manier verkündet, wer hierherkomme, um Straftaten zu begehen, fliege raus und zwar schnell.

19

Der Pakt mit dem Zigeuner

Von allen möglichen wohlmeinenden Leuten bin ich gewarnt worden, eine eigene Partei zu gründen. Aus organisatorischen, personellen und finanziellen Gründen sei das ein Himmelfahrtskommando und arbeitsmäßig für mich kaum zu bewältigen. Die Leute hatten recht. Aber bei meinem Beitritt in eine der um mich werbenden alten Parteien wäre mein Programm zur Wiederherstellung der Inneren Sicherheit stark verwässert worden. Ich hätte kaum hoffen können, gleich an die Spitze zu gelangen und hätte mich in Grabenkämpfen verzettelt. Die Lösung dieses Dilemmas war die Gründung einer eigenen Partei mit einem parteierfahrenen, durchsetzungsfähigen Arbeitstier gleich unter mir an der Spitze. Tatsächlich musste ich unter meinen Anhängern nicht lange suchen, um diesen Mann zu finden.

Zur Vermeidung einer unnötigen Aufwertung seiner Person sei er im Folgenden – unter Abwandlung seines wirklichen Namens – Hackfluss genannt. Er hatte sieben Jahre zuvor an Gründung und Aufbau einer anderen anfangs erfolgreichen Partei aktiv mitgewirkt, die allerdings bezeichnenderweise inzwischen der Bedeutungslosigkeit anheim gefallen war. Der Gründer dieser Partei hatte mich ausdrücklich vor Hackfluss gewarnt.

Aber es hatte dieses Hinweises gar nicht bedurft, um zu erkennen, dass Hackfluss bei all seiner Begabung für den erfolgreichen Parteiaufbau den Keim für die Zerstörung meines politischen

Lebenswerkes gleichermaßen in sich trug. Er war aus meiner Sicht eine Verräterseele. Er würde mir den Rücken nur so lange frei halten, wie es ihm nützt. Danach würde er mir den Dolch in denselben stechen, um endlich meinen Platz einzunehmen. Ich ahnte bereits, dass es so kommen könnte.

Dabei war er schon aufgrund fehlenden Charismas kein Mann für die erste Reihe. Er glich mehr einer Bulldogge, die alles wegbeißt. Alles andere als ein Sympathieträger! Obwohl ich das frühzeitig erkannte, inthronisierte ich ihn, um als mein Vertreter die Partei aufzubauen. Ich hatte keinen anderen für diesen anspruchsvollen Job. Und ich selbst hätte mich nur ungern mit den vielen Querulanten herumgeschlagen, die von neuen Parteien angezogen werden wie Motten vom Licht. Dieses operative Geschäft hätte mir jegliche Kreativität geraubt, die ich für den politischen Kampf dringend benötigte. Und so wurde Hackfluss durch meine Hilfe schließlich der laut Wikipedia einzige Angehörige der Sinti und Roma, der in Deutschland jemals ein Regierungsamt bekleiden sollte.

20

Parteigründung

Vor der Parteigründung musste ein schlagkräftiger Name her. Hierbei war eine griffige und einprägsame Kurzbezeichnung noch wichtiger als der Langname. Auf dem Campingplatz an der Ostseeküste, wo ich seit vielen Jahren die Wochenenden verbrachte, beratschlagte ich mich mit meinen Freunden vom Segeln und Windsurfen. Schließlich fanden alle, dass sich als Kurzbezeichnung »PRO« sehr positiv und dynamisch anhöre.

Jeder Buchstabe von »PRO« müsse logischerweise für ein Wort des Langnamens stehen. Also etwa für »Partei für Recht und Ordnung«. *Law & Order* also. Super! Das war die ideale Lösung. Oder doch nicht?

Ich hatte ein wenig kalte Füße, weil der Slogan es unseren Gegnern zu leicht machen könnte, uns der rechten Ecke zuzuordnen. Also besser »Partei Rechtsstaatlicher Offensive«. Das Wort »Rechtsstaatlich« hat eine gewisse Nähe zu »Richter«, also zu mir. Und »Offensive« klingt immer gut. Am 13. Juli 2000 wurde meine Partei in dem in den Kellergewölben des Rathauses gelegenen Restaurant gegründet.

Der Vorstand, den ich am nächsten Tag den Medien vorstellte, enthielt mehr Multikulti als der jeder anderen Partei. Neben dem Schwarzafrikaner Anthony war eine hübsche und intelligente Türkin namens Canan dabei. Und nicht zu vergessen der stellvertretende Vorsitzende Hackfluss, ein Angehöriger der Sinti und Roma. Ich machte es unseren Feinden damit sehr schwer, uns als ausländerfeindlich und rechtsextrem zu diffamieren.

Mehr Angriffsfläche bot meine Ankündigung, als zukünftiger Innensenator das Verbrechen in Hamburg binnen 100 Tagen zu halbieren. Das Versprechen wurde allseits als Beleg mangelnder Seriosität gewertet und ich sollte es bereuen. Es wäre nur bei uneingeschränkter Umsetzung meines Programmes, also in einer Alleinregierung, einzuhalten gewesen. Allenfalls in einer Koalition nur mit der CDU, die mich hätte frei schalten und walten lassen. In einer Koalition unter Beteiligung der FDP war die Einhaltung dieses Wahlversprechens schlicht unmöglich.

Gut eine Woche nach der Gründung meiner Partei erlebte ich ein Waterloo mit zwei Mitgliedern des Vorstandes, die ich eigentlich als Zugpferde auserkoren hatte. Sie hatten bedauerlicherweise eine kriminelle Vergangenheit, was die Medien bei intensiver Durchleuchtung der Vita all meiner Leute herausgefunden hatten und nun genüsslich zelebrierten. Ausgerechnet über meinen Liebling einer deutschlandweit bekannten Industriellenfamilie berichteten die Zeitungen, er sei 14 Jahre zuvor am Versuch beteiligt gewesen, Kampfhubschrauber an den Irak zu verkaufen.

In der Fantasie des gern gelesenen Skandalbuchautors Jürgen Roth verlief die Parteigründung und anschließende Machtübernahme noch deutlich spektakulärer. Auf 30 Seiten seines Buches *Ermitteln Verboten!* behauptet er, ich sei durch die in Hamburg herrschende Albaner Mafia zum Innensenator gemacht worden, damit ich anschließend schützend meine Hand über sie und ihre kriminellen Machenschaften halte. Millionen seien in unsere Parteikasse geflossen, um den kühnen Plan zu ermöglichen.

In Wirklichkeit hatte ich in jeder der nun wöchentlich stattfindenden Großveranstaltungen mit Hamburger Bürgern den Albanerpaten als Beweis dafür ins Feld geführt, dass das vom Senat hartnäckig geleugnete organisierte Verbrechen in Hamburg wächst und gedeiht.

21

Meine richterliche Selbstablehnung

Nachdem die Große Strafkammer des Landgerichts die Verhandlung gegen mich wegen des Verbrechens der Rechtsbeugung für September anberaumt hatte, machte ich Ende Juli einen aufsehenerregenden Schachzug. Ich lehnte mich als Richter selbst wegen Befangenheit ab. Alle Akten, die nun täglich auf meinen Schreibtisch kamen, ergänzte ich um einen kopierten

Text mit der Begründung meiner Befangenheit und reichte sie ungelesen weiter ans Obergericht zur Entscheidung über diese.

Ich erklärte, es würde unweigerlich auf eine Beschädigung des Richteramtes hinauslaufen, wenn ich im Ziviljustizgebäude meine Richterrobe ausziehe, um mich fünf Minuten später im Strafjustizgebäude auf die Anklagebank zu setzen. Meine richterliche Tätigkeit trotz der gegen mich inszenierten Schmutzkampagne fortzusetzen, sei mir nur möglich, wenn das Richterdienstgericht umgehend eine Ehrenerklärung für mich abgäbe. Ohne Ehrenerklärung werde ich um meine Suspendierung ersuchen, bis meine Unschuld im Strafverfahren festgestellt ist.

Auf einer Pressekonferenz an der Seite meines Strafverteidigers Walter Wellinghausen erklärte ich, es sei ein Skandal, dass ein wegen Beugung des Rechts bald vor Gericht stehender Richter weiter Recht sprechen könne. Das überzeugte alle! Fast alle. Die *Hamburger Morgenpost* bescheinigte mir auf ihrem Titelblatt, der faulste Richter Hamburgs zu sein.

Bis zum 23. August erklärte ich mich 394 Mal für befangen und legte dadurch Teile des übergeordneten Landgerichts lahm. Vier Kammern waren damit beschäftigt, über jeden meiner Anträge separat zu entscheiden, nachdem den Prozessparteien jeweils rechtliches Gehör einzuräumen war. Vier Tage vor Beginn der Strafverhandlung, am 14. September, wurde ich dann tatsächlich durch das Richterdienstgericht suspendiert.

Kurz zuvor hatten mich noch zehn Jugendrichter wegen Verleumdung angezeigt, da ich ihnen in meinen Bürgerveranstaltungen kollektive Rechtsbeugung vorwarf. Bei den meisten von ihnen handele es sich um strafunwillige Verständnispädagogen, die die Bevölkerung den jugendlichen Gewaltverbrechern schutzlos ausliefere. Weinerlich klagten sie, ich würde sie von hinten und von vorne beschimpfen. Irgendwann sei eine Grenze überschritten. Sie war nicht überschritten, was drei Monate später sogar die Staatsanwaltschaft erkannte und das Verfahren kurzerhand einstellte.

22

Meine Verurteilung

Der große Showdown begann am 18. September 2000. »Schill gibt sich als Richter so, als sei er ein Schauspieler, der einen Richter spielt. Nicht irgendeinen Richter, die Rolle hätte er nicht angenommen. Er spielt einen angeklagten Richter. Rechtsbeugung und Freiheitsberaubung in zwei Fällen wird ihm vorgeworfen. Das sind für einen Richter ein Verbrechen und ein Vergehen von besonderem Gewicht. Doch das macht nichts. Endlich ist die Rolle da, in der er glänzen kann.«[1] – In dieser Weise beschrieb die renommierte Gerichtsreporterin Gisela Friedrichsen für den *SPIEGEL* meine Auftritte vor der Großen Strafkammer des Landgerichts. Über 100 Journalisten drängelten sich im größten Verhandlungssaal des Strafjustizpalastes.

Die Autoren des zu meiner Person geschriebenen Buches *Der Rechtssprecher* Carini und Speit schildern die Szene wie folgt:

Als sich der Angeklagte – eingerahmt von zwei Bodyguards – den Weg durch den Medienpulk bahnt, wird er von seinen Fans mit Blumen und Süßigkeiten für die Verhandlungspausen beschenkt. Applaus brandet auf, als er den Gerichtssaal betritt – Schill hebt die Hand zum Gruß in Richtung Zuschauerbänke, die bis auf den letzten Platz besetzt sind.

*Obwohl sich Schill im Verfahren zunächst nicht zu den Vorwür-
fen äußert, verwandelt er das Gericht zu seiner Bühne. Aussagen
macht er nur außerhalb des Verhandlungssaales vor laufenden
Kameras. Dort schlüpft er völlig in die Rolle des Opfers politischer
Interessen: Jede Maßnahme gegen ihn sei nur der Beweis einer
Verschwörung zwischen all seinen Kontrahenten: Justiz, Politik
und linker Szene.*

Mit Walter Wellinghausen hatte ich einen ehemals hohen SPD-
Funktionär zu meinem Strafverteidiger gemacht. Als er am Ende
des über sechs Verhandlungstage geführten Prozesses plädierte,
sagte der altgediente Genosse, dass der Prozess gegen mich geführt werde, um mich zu verfolgen, weil ich missliebig sei. Ihm
sei bange um den Zustand der Justiz in Hamburg.

Am Freitag, den 13. Oktober 2000 wurde ich wegen des Verbrechens der Rechtsbeugung zu einer Geldstrafe von 12.000
D-Mark verurteilt. Die Zeitungen titelten »Keine Gnade für
Richter Gnadenlos« sowie »Der Saubermann schwer angeschla-
gen«. Einige schrieben von »juristischer Hinrichtung«. Dement-
sprechend kann ich nicht leugnen, die Verurteilung in dieser
Zeit als belastend empfunden zu haben. Andererseits führte
ich mir den Ausspruch des Theaterintendanten Ulrich Waller
vor Augen: »Der Prozess nutzt nur Herrn Schill selber. Wenn er
verliert, wird er zum Märtyrer. Wenn er gewinnt, wird er zum
Helden.« Nun war ich also erst einmal Märtyrer.

Da in Westdeutschland noch nie ein Richter rechtskräftig wegen Rechtsbeugung verurteilt worden war, hatte ich eine gute
Chance, im Revisionsverfahren vor dem Bundesgerichtshof
dazu noch zum Helden zu werden. Am besten unmittelbar vor
der im September 2001 in Hamburg anstehenden Parlamentswahl.

Bereits wenige Tage nach der Verurteilung wurde meine Suspendierung wieder aufgehoben und ich diesmal als Richter für Mietrechtsfälle eingesetzt. Ich war verblüfft. Glaubten selbst die zuständigen Richter des Richterdienstgerichts nicht daran, dass meine Verurteilung vor dem Bundesgerichtshof in Leipzig Bestand haben würde? Oder hielten sie Rechtsbeugung für eine Lappalie?

Jedenfalls war das mir nun zugewiesene Tätigkeitsfeld schon wieder eine Stufe ätzender geworden. Aber noch wollte ich auf das im Wahlkampf nützliche Renommee des amtierenden Richters nicht verzichten und machte daher gute Miene zum bösen Spiel. Später konnte ich mich dann immer noch aus politischen Gründen beurlauben lassen.

23

Angriff aus Düsseldorf und Tauchabenteuer

Im November 2000 kam es dann richtig knüppeldick. Ich wurde in diesem Monat gleich von drei üblen Geschichten heimgesucht. Zu Beginn erhielten wir in unserer Parteizentrale Besuch von einem freundlichen älteren Herrn, der sich als Gesandter eines Bolko Hoffmann aus Düsseldorf vorstellte. Wir erfuhren, dass Hoffmann mit dem *Effecten Spiegel* das größte Börsenmagazin Europas herausgab. Außerdem sei er Chef einer Partei namens Pro DM, die sich gegen die Einführung des Euro einsetze. Hoffmann habe von unseren finanziellen Problemen erfahren und würde mir im Wahlkampf gern mit einer Million D-Mark unter die Arme greifen. Voraussetzung hierfür sei allerdings, dass ich einer Fusionierung unserer beiden Parteien zustimme. Er wollte mich also kaufen! Plötzlich erinnerte ich mich an seine ganzseitigen Anzeigen, die er in allen Zeitungen regelmäßig platzierte. Mit seinem Konterfei und allerlei einleuchtenden Argumenten für die Beibehaltung der D-Mark. Allein diese Kampagne kostete sicher viele Millionen.

In einem von seinem Gesandten nun vermittelten Telefongespräch mit mir redete Hoffmann Tacheles. Er sei nicht an meiner Partei, sondern ausschließlich an mir interessiert, weil er an meinen Erfolg in Hamburg glaube. Er selbst benötige Hamburg nur als Sprungbrett für den Bundestag. Deshalb würde er mir in Hamburg nach gewonnener Wahl auch völlig freie Hand lassen.

Nach diesem Zuckerbrot folgte jetzt die Peitsche: Sollten wir einem Zusammenschluss mit seiner Partei nicht zustimmen, sähe er sich leider gezwungen, uns wegen unseres Parteikürzels zu verklagen. PRO sei seiner Pro DM zum Verwechseln ähnlich, was er sich natürlich nicht gefallen lassen könne.

Jedem von uns war sofort klar, dass uns der Verlust unseres Parteikürzels schwer treffen würde. Wir hatten unter dieser Marke bei Medien und Bürgern einen schon ansehnlichen Bekanntheitsgrad erworben. Kein Schwein würde sich an den Langnamen »Partei Rechtsstaatliche Offensive« erinnern und uns damit in Verbindung bringen. Außerdem hatten wir unsere äußerst knappen finanziellen Mittel gerade dazu verwendet, jede Menge Werbematerial mit »PRO« drucken zu lassen.

Da ich mit Cecilia, einer derzeit steten Gespielin, eine Woche später ohnehin über Düsseldorf zu einer Tauch-Safari ans Rote Meer fliegen wollte, vereinbarten wir ein Treffen bei Hoffmann zu Hause. Hackfluss hatte natürlich sofort bemerkt, dass ihn eine Fusion überflüssig machen würde, und er sah seine Felle schon davonschwimmen. Folgerichtig zerstörte er in Düsseldorf die

Gesprächsatmosphäre, indem er Hoffmann in dessen eigenen Wohnzimmer beleidigte.

Während wir mit einem Schiff die Küste des Roten Meeres Richtung Süden fuhren, um täglich bis zu fünf Tauchgänge zu absolvieren, hätte mich beinahe mein Leichtsinn das Leben gekostet und Rot-Grün in Hamburg den Untergang erspart. Wir waren von unserem Tauch-Guide angewiesen worden, niemals tiefer als 40 Meter zu tauchen. Demgegenüber verspürte ich gegen Ende unserer Tauchwoche den Ehrgeiz, einmal 50 Meter Tauchtiefe auf meinem, am Handgelenk mitgeführten, Tauchcomputer stehen zu haben. Ich ließ also in einem unbeobachteten Moment bei einer Tiefe von knapp 40 Meter die letzte Luft aus meiner Weste und fiel dabei leider tiefer als beabsichtigt. Erst bei 56 Meter Wassertiefe vermochte ich durch erneut in die Weste geleitete Luft meinen Niedergang zu stoppen.

Als ich gleich wieder zurück wollte, wurde ich vom Alarm des Computers schon bei 52 Meter Tiefe aufgehalten. Ein Aufstieg ohne Pausen wäre wegen des hohen Stickstoffanteils im Blut jetzt lebensgefährlich gewesen. Ich steckte fest wie in einem Fahrstuhl, der nur alle paar Minuten einige Meter aufwärts fuhr. Während der Wartezeiten sah ich Cecilia, die in 40 Meter Tiefe auf mich wartete. Und ich sah mein Todesurteil: Die in meiner Tauchflasche verbliebene Luft würde niemals für einen Aufstieg unter den vom Computer vorgeschriebenen Pausen reichen.

Ich hatte die Wahl zwischen Klapperschlange und Kobra. Entweder ich ersticke unter Wasser oder mein Blut bildet oben Blasen, die Gehirn und Rückenmark ausschalten. Schließlich rettete mir Cecilia das Leben, indem sie mich beim langsamen Aufstieg begleitete und mich an ihrem Luftvorrat teilhaben ließ.

Als wir nach unserem Tauchurlaub eine Woche später wieder in Düsseldorf landeten, traf ich mich ohne Hackfluss erneut mit

Hoffmann, um nun ganz entspannt die Kuh vom Eis zu kriegen. Aber es gelang nicht. Hoffmann behauptete später, ich hätte für eine Fusion von ihm eine Million in bar für mich privat gefordert. Das habe ich ihm dann gerichtlich verbieten lassen.

In Wirklichkeit befürchtete ich, im Falle einer Fusion von meinen Feinden als durch Hoffmann aus Düsseldorf ferngelenktes Werkzeug diffamiert zu werden. Zudem wäre mein Programm zur Kriminalitätsbekämpfung in Hamburg durch seinen Kampf gegen den Euro stark verwässert worden. Mein Credo war, dass mich allein die unhaltbaren Zustände in meiner Stadt überhaupt in die Politik getrieben haben. Das erschien mir mit einer Politik gegen ein europäisches Projekt wie den Euro wenig vereinbar. Dazu hätte meine Glaubwürdigkeit und Authentizität unter dem Geldfluss aus Düsseldorf gelitten. Also wurde meine Partei von Hoffmann auf Unterlassung des Kürzels »PRO« verklagt und verlor durch alle Instanzen. Ein neues Parteikürzel musste her. Es gab nur ein einziges mit ähnlichem, ja sogar mit noch wesentlich höherem Wiedererkennungswert.

Und so beschloss unser Parteitag Mitte Februar 2001, dass die Partei zukünftig ganz offiziell die Kurzbezeichnung »Schill-Partei« führen sollte. Auf den Wahlzetteln für die Parlamentswahl in Hamburg und die spätere Bundestagswahl stand also unter CDU und SPD ganz einfach »Schill«. Ich selbst hatte mich bis zuletzt geziert, um den damit verbundenen Personenkult zu vermeiden. Immerhin war es nun die einzige Partei weltweit, die jemals nach dem Familiennamen des Gründers benannt worden war.

Erpressung

Eine weitere Belastungsprobe im November 2000 war eine schlichte Erpressung durch einen smarten Geschäftsmann, der mich einige Monate vorher in meinem Lieblingsrestaurant angesprochen hatte. Er bot mir dort seine Dienste als Parteimanager an. Ich teilte ihm mit, darüber müssten erst die zuständigen Parteigremien entscheiden. Er sagte, er habe in der Zeitung gelesen, dass uns unsere Parteisekretärin weggelaufen sei, und bot als Zeichen seines guten Willens die Dienste seiner Ehefrau kostenlos an. Auch sie war damit einverstanden und arbeitete zu unserer Zufriedenheit.

Im November nun stellte seine Frau ihre Tätigkeit ein und er forderte von mir 5.000 D-Mark. Für den Fall der Nichtzahlung drohte er uns mit der Presse. Seine Frau habe ihre Tätigkeit genutzt, um Material zu sammeln, mit dessen Veröffentlichung er uns schweren Schaden zufügen würde. Außerdem sei er immer noch im Besitz eines Sicherheitsschlüssels für das Büro.

Während die Kriminalpolizei mithörte, vereinbarte ich mit ihm ein Treffen zur Geldübergabe in einem Bistro beim Rathaus. Zusätzlich informierte ich die Presse. Als ich ihm an einem Stehtisch einen Scheck übergab und er mir den Schlüssel aushändigte, wurde vom Nebentisch alles unauffällig gefilmt. Anschließend wurde er festgenommen und unter Blitzlichtgewitter abgeführt. Ich verließ ihn mit den Worten: »Sie wollten doch immer Presse. Jetzt haben Sie sie!« Für mein *Law & Order*-Image hatte sich diese lästige Geschichte letztendlich ausgezahlt. Ich verkündete, es sei schon ein starkes Stück, ausgerechnet mich erpressen zu wollen.

Kurz vor seiner im Folgejahr anberaumten Strafgerichtsverhandlung war der Erpresser plötzlich tot. Auch eine Art, sich aus der Affäre zu ziehen.

Abgehörte Verräter

Hackfluss hatte mir eine Woche vor einem Ende Januar 2001 angesetzten Parteitag erzählt, dass ihm feindlich gesinnte Parteimitglieder sich zu einem Treffen mit Mitgliedern anderer Parteien verabredet hätten. Man plane eine Vereinigung mit Republikanern und Pro DM, um dann mit Hoffmanns Millionen die Wahl zu gewinnen. Er selbst solle ausgeschaltet werden. Mich wolle man vor vollendete Tatsachen stellen und dann die Führerrolle anbieten.

Das war wirklich starker Tobak! Und von Hackfluss als ehemaligem Hauptmann bei der Bundeswehr erstaunlich gut recherchiert. Nun hielt er sich zwar ständig im Büro auf. Aber die Verräter werden ihren Komplott ja wohl kaum direkt vor seiner Nase geschmiedet haben. Also woher wusste mein Vize das alles?

Die Antwort erfuhr ich sechs Jahre später, als ich am 14. Dezember 2006 an meinem neuen Wohnort Rio de Janeiro im Internet deutsche Zeitungen las. Dort war zu lesen: »Lauschangriff: Schill jahrelang abgehört. Brisante Abhörprotokolle aufgetaucht. Es geht um Drogen, Sex und Macht. Unter den weiblichen Mitgliedern gab es heftige Kämpfe um die Gunst Schills.«

Der Verfassungsschutz leugnet, damit zu tun zu haben.

In Unkenntnis dieser Schweinerei konzentrierte ich mich auf die Schweinerei der Verräter und wies Hackfluss an, jemanden zu deren Treffpunkt zu schicken, um stichhaltige Beweise zu sammeln. Auf dem Parteitag stellte ich die Verräter vor allen Parteimitgliedern an den Pranger und legte ihnen einen freiwilligen Parteiaustritt nahe. Niemand wollte mehr etwas mit ihnen zu tun haben. Die Zeitungen schrieben: » Senat, CDU, Parteifreunde – Schills Zorn traf sie alle.«

26

Oles Annäherung und Personalprobleme

Ende Januar 2001 verkündete der Fraktionsvorsitzende der CDU, Ole von Beust, Schill sei kein Undemokrat. Eigentlich eine wenig überraschende Feststellung über jemanden, der in zahlreichen Ortsvereinen der CDU im Zeitraum eines Jahres zu sicherlich mehreren Tausend Leuten gesprochen hat. Die Medien werteten seine Aussage dennoch als »Flirt mit Richter Gnadenlos«. Er hatte eingesehen, dass er nur mit mir und nicht gegen mich die Chance hatte, nach 44 Jahren Opposition der erste Ministerpräsident der CDU in Hamburg zu werden.

Zwar hatte von Beust einige Monate zuvor mit dem Oberstaatsanwalt Roger Kusch einen sicherheitspolitischen Berater an seine Seite geholt, der mich in seinen Forderungen an Radikalität gelegentlich übertraf. Aber das Manöver war als Wahltaktik durchschaubar und aus Kusch wurde nie mehr als eine Kopie von mir. Auf jeden Fall trug der Kursschwenk von Beust dazu bei, meine Akzeptanz im breiten Bürgertum weiter zu steigern. Schon Mitte Februar lag ich in Wahlumfragen bei neun Prozent.

In auffälligem Gegensatz zu dem sich anbahnenden Erfolg bei der für September anstehenden Parlamentswahl stand das Personal, das ich für die Besetzung der zahlreichen Parlamentsplätze zur Verfügung hatte. Gegnerische Politiker und Medien machten sich über meine »One-Man-Show« lustig. Es hieß, Schill biete für den anstehenden Winter ein warmes Plätzchen in der Bürgerschaft. Tatsächlich bestand die beim Parteitag Mitte Februar aufgestellte Liste für die Parlamentswahl mehrheitlich aus Leuten, die die Medien aufgrund ihrer mangelnden Eignung immer wieder vorzuführen trachteten.

So erschöpfte sich die Qualifikation eines fetten Bäckers darin, für die Sitzungen des Parteivorstandes leckere Frikadellen zu braten. Er bettelte um meine Unterstützung für einen aussichtsreichen Listenplatz unter Hinweis auf seine Treue. Als es darauf ankam, war er der Erste, der mich verriet. Ein sich aus seiner Leibesfülle definierender afrikanischer Potentat war sichtlich beeindruckt, als er bei einem Empfang meines Abgeordneten ansichtig wurde. Letzterer war deutlich fetter.

27

Schills Bürger-Show

Seit der Gründung meiner Partei im Juli 2000 fanden meine Liveauftritte vor den Bürgern der Stadt natürlich nicht mehr in Ortsvereinen der CDU statt. Sie wurden nun von meinen eigenen Parteianhängern mit großem Engagement und beträchtlichem Geschick organisiert. Ich füllte Woche für Woche Hallen, Aulen, Hotelsäle, Vereinshäuser, Bürgerhäuser und Bierzelte. Es kam sogar vor, dass ich unter freiem Himmel sprach, weil der

Besitzer einer großen Gaststätte wegen politischen Drucks kalte Füße bekommen und uns kurzfristig wieder ausgeladen hatte. Auch während des gegen mich geführten Strafprozesses setzte ich meine Tournee unbeeindruckt fort.

Durchschnittlich wurden meine Veranstaltungen von 300 Zuschauern besucht. Für meine Auftritte wurde in den jeweiligen Stadtteilen mit Plakaten geworben, auf denen ich, überlebensgroß abgebildet, mit einer entschlossenen Handbewegung Tatkraft ausstrahlte. Darunter stand: »Mit Sicherheit – Schill«. Die Plakate hatte Cecilia zusammen mit einem befreundeten Grafiker entworfen. Auch der Text stammte von ihr. Es entbehrte nicht einer gewissen Ironie, dass wir die Plakatständer ganz billig von Insassen des Hamburger Gefängnisses Santa Fu herstellen ließen.

Nicht nur der Inhalt meiner Rede, sondern die Dramaturgie des ganzen Auftritts trug auch dem Unterhaltungsbedürfnis der

Meine Reden – DIE WELT

Besucher Rechnung. Ohne die gute Show wären niemals so viele Leute gekommen. Schließlich war ich ja nicht Sänger, sondern Richter und Politiker.

Es begann jeweils mit einer kurzen Einführungsrede von Hackfluss. Später – als wir uns das finanziell leisten konnten – sogar mit Livemusik. Danach trat unser Pressesprecher ans Rednerpult und kündigte ein wenig marktschreierisch, aber dabei doch noch seriös, meinen Auftritt an.

Ich betrat nun stets durch den Haupteingang den Saal und bahnte mir an der Seite meiner Leibwächter gemessenen Schrittes den Weg zur Bühne, während an den Seiten des Mittelganges platzierte Parteimitglieder von ihren Plätzen aufsprangen und mir ihre Hände zur Begrüßung entgegenstreckten. Die Szenerie wurde durch passende Musik und huldigende Worte des wortgewandten Pressesprechers begleitet, bis er mir den Platz am Rednerpult freimachte. Medien kritisierten, ich zeigte das Gehabe eines Volkstribuns. Es war mir egal.

Eine besondere Bereicherung für die Dramaturgie waren die immer zahlreicher werdenden Störer linker Gruppen, wie den Jusos, vor und im Veranstaltungssaal. Sie machten dank ihres Hangs zur Gewalt eine größere Polizeipräsenz erforderlich, was wiederum das Interesse der Medien erhöhte. Noch besser war es, wenn die linken Störer im Saal keiften und herumschrien.

Sie gaben mir dadurch Gelegenheit, sie dank der Überlegenheit meiner Rhetorik und meines Mikrofones abzukanzeln und der Lächerlichkeit preiszugeben. Anschließend wurden sie unter dem Beifall meines Publikums aus dem Saal entfernt. Besser konnte ich meine Tatkraft nicht demonstrieren. Und auch nicht meinen unerschütterlichen Willen, in ganz Hamburg für Recht und Ordnung zu sorgen.

Einmal kam es fast zur Saalschlacht, weil der zuständige Polizeiführer den Zugang zu vieler gewalttätiger Chaoten der linken Szene entgegen der Warnung unserer Ordner erzwungen hatte. Er wurde vor laufenden Kameras als Marionette des Innensenators beschimpft, dem unsere Veranstaltung ein Dorn im Auge sei.

Inhaltlich wetterte ich dagegen, dass die rot-grüne Regierung die Bürger der Stadt dem Verbrechen schutzlos ausgeliefert habe. Ein Staat, der sich wehrlos mache, verliere erst die Achtung seiner Bürger – und dann sich selbst, zitierte ich einen altgriechischen Philosophen.

In zahlreichen traurigen, aber auch lustigen Einzelbeispielen illustrierte ich die durch das Versagen von Justiz und Polizei verursachte katastrophale Lage. Anschließend zeigte ich meine Lösungsvorschläge auf. Nach einer Stunde beendete ich meine Rede und beantwortete Fragen aus dem Publikum. Die Veranstaltung beendete ich stets mit demselben Satz: »Kommen Sie gut nach Hause und lassen Sie sich nicht überfallen!«

28

Segeln und Tod

Mitte April 2001 ließ ich mich vom mittlerweile ungeliebten Richteramt im Hinblick auf die im September bevorstehende Parlamentswahl beurlauben. Ab Mai waren dann bis zu drei große Wahlkampfauftritte wöchentlich geplant.

Aber erst einmal hatte ich für die nächsten zwei Wochen eine Segeljacht in dem türkischen Hafen Marmaris gechartert, um mit Daniela, einer neuen Urlaubsabschnittsgefährtin, die griechischen ostägäischen Inseln zu bereisen. Von Rhodos nach Patmos.

Nach zehn erholsamen Tagen ohne Handyempfang hörte ich meine Mailbox ab und erstarrte. Mein Vater war tot. Gestorben vor mehr als einer Woche an einem seiner alle paar Monate wiederkehrenden Alkoholexzesse. Dabei hatte er den Autoreisezug für einen Motorradtrip in Griechenland bereits für Anfang Mai gebucht. Er wurde nur 66 Jahre alt.

Auf der Heimfahrt lag ich mit geschlossenen Augen an Deck in der Sonne und ließ Erinnerungen an meinen Vater Revue passieren. Wir fuhren nahe einer hohen felsigen Küste unter Maschine und ich hatte Daniela das Steuer übergeben. Plötzlich wurde es dunkel und ich riss verwundert die Augen auf. Es war der Schatten des Felsufers, auf das unsere Jacht direkt zusteuerte. Mit voller Kraft. Nur noch ganz wenige Meter entfernt. Daniela war verschwunden. Jedenfalls stand sie nicht am Steuer. Ich sprang auf und hechtete zum Steuer, um es herumzureißen.

**Mit Daniela
auf der Segeljacht**

Die Jacht reagierte. Aber würde es noch reichen? Der Bug hatte den steilen Felshang schon fast erreicht. Ja! Das war verdammt knapp.

Es stellte sich heraus, dass Daniela in die Kabine gegangen war, um irgendetwas zu erledigen. Statt den Autopiloten einzuschalten, hatte sie das Steuer lediglich fest gestellt. Unser Kunststoffschiff wäre mit Sicherheit abgesoffen und das hohe Felsenufer war viel zu steil, um uns zu retten. Aber der rot-grüne Senat wäre gerettet gewesen.

Als im Mai das Klima unserer Veranstaltungen wegen der Störer immer rauer wurde und mir mittlerweile offener Hass entgegenschlug, wurde ich von wohlmeinenden Parteimitgliedern ins Gebet genommen. Ich sei für unser Vorhaben, Hamburg nach 44 Jahren SPD-Herrschaft zu erobern, völlig unersetzbar.

**Beim Entern eines
Kreuzfahrtschiffes**

Jeder Irre könnte mit einem gelungenen Attentat entscheidenden Einfluss auf die Politik nehmen. Der rot-grüne Senat könnte sich nach meinem Tod bequem zurücklehnen und bräuchte sich über den Machterhalt keine Sorgen mehr zu machen.

Meine Leute hatten nicht ganz unrecht. Schon bei einer Veranstaltung im letzten November war es einem Angreifer während meiner Rede unter Ausnutzung des Überraschungseffektes gelungen, an den Bodyguards vorbei zu mir vorzudringen. Oskar Lafontaine und Wolfgang Schäuble waren von Attentätern bereits schwer verletzt worden. Ein Jahr später, im Mai 2002, sollte der holländische Populist Pim Fortuyn kurz vor der niederländischen Parlamentswahl ermordet werden.

Zur Erhöhung meiner Sicherheit spendierte mir ein Parteimitglied eine moderne stich- und schusssichere Weste, die ich fortan bei jeder Veranstaltung unterm Hemd trug. Damit das nicht auffiel, musste ich darüber noch eine Anzugweste und ein Jackett tragen. Ich schwitzte wie eine Sau!

Am Mittwochabend, den 30. Mai 2001 wäre es dann trotz aller Vorkehrungen beinahe mit mir zu Ende gegangen. Ich wurde ganz in der Nähe unserer Parteizentrale auf dem Fußweg von einem Motorrad angefahren und ohnmächtig ins Krankenhaus eingeliefert. Die *Hamburger Morgenpost* titelte darauf: »Schill nach Unfall mit Motorrad 20 Minuten bewusstlos«. Ich hatte eine Gehirnerschütterung und eine große, mit diversen Stichen genähte, Platzwunde am Kopf.

Bedauerlicherweise stand für den nächsten Abend unsere bisher größte Veranstaltung an, zu der in einem riesigen Festzelt im Süden Hamburgs über 1.000 Leute erwartet wurden. Da musste ich nun durch. Ich war zwar noch nicht ganz wieder bei der Sache, als ich unter dem Applaus der Massen etwas taumelig dem Rednerpult entgegenschritt. Aber so schlecht soll meine

Rede gar nicht gewesen sein. Ich selbst hatte an den folgenden Pfingsttagen Schwierigkeiten, mich daran zu erinnern.

Einige Zeit später an einem Sommerabend hielt ich für die Gäste meiner Veranstaltung im Norden Hamburgs eine Überraschung bereit. Noch am selben Abend würde das *Heute-Journal* des ZDF über uns berichten. Außer den 200 im völlig überfüllten Saal anwesenden Personen harrten noch weitere 150 vor dem Saal aus und hörten meine Rede über Lautsprecher.

29

Des Kanzlers Retter

Am 30. Mai 2001 war der Innensenator der SPD sturmreif geschossen und wurde von seinen eigenen Leuten zum Rücktritt gezwungen. Der Bundeskanzler Gerhard Schröder sah Hamburg als Hochburg der SPD in Gefahr und nahm seinen Kronprinzen, den Hamburger Landesvorsitzenden Olaf Scholz, in die Pflicht. Scholz musste sein Bundestagsmandat aufgeben und neuer Innensenator in Hamburg werden. Hier sollte er zeigen, dass der SPD die Sicherheit der Hamburger nicht gleichgültig ist. Dafür hatte er allerdings nur noch knapp vier Monate Zeit.

Ich nahm ihn sofort voll unter Feuer und hatte dabei schlagkräftige Argumente, die er schlecht widerlegen konnte. Zum einen war er als Landesvorsitzender einer der Hauptverantwortlichen des bisherigen Versagens seiner Partei auf dem Gebiet der Inneren Sicherheit. Zum anderen war seine Inthronisierung als Innensenator weniger als vier Monate vor der Wahl als Wahlkampfmanöver leicht durchschaubar.

Scholz versuchte, sein Manko durch die Demonstration wirklicher Härte bei der Verbrechensbekämpfung auszugleichen, und übernahm damit Teile meines Wahlprogrammes, die SPD und Grüne bisher durchweg als Verstoß gegen die Menschenwürde gebrandmarkt hatten. So ordnete er Anfang Juli an, Brechmittel gegen Dealer einzusetzen, die beim polizeilichen Zugriff in Plastik eingeschweißte Kokainkügelchen herunterschlucken. Scholz brachte damit Hamburg zum Kotzen, was man bisher Schill vorgeworfen hatte. Er musste sich von den Linken der Stadt fortan als »Schilz« verspotten lassen, die die neue Wortschöpfung nun überall hinschmierten. Den Grünen, die er dazu zwang, die Kröte zu schlucken, würde es bei der Wahl das Genick brechen.

Am 6. Juli titelten Hamburger Zeitungen: »Scholz überholt Schill – Brechmittel gegen Dealer und GAL schluckts«. Ich selbst hatte mich an seinen schlaffen Händedruck zu gewöhnen, da wir bis zur Wahl als Hauptkontrahenten der Inneren Sicherheit in Funk und Fernsehen nun ständig aufeinandertrafen. Obwohl er die von mir propagierte Politik weitgehend übernommen hatte, wäre es übertrieben, unser Verhältnis als herzlich zu bezeichnen.

30

Frauenmörder

Am 22. Mai 2001 gelang mir ein Mediencoup der besonderen Art: Beherrschendes Thema in der Stadt war gerade der Ausbruch eines Sexverbrechers aus der »Geschlossene Psychiatrie« genannten Irrenanstalt. Genau genommen war er gar nicht ausgebrochen, sondern hatte den Hochsicherheitstrakt mittels eines Schlüssels verlassen, der durch grobe Fahrlässigkeit in seine Hände gelangt war. In derselben Irrenanstalt wohnte zu dieser Zeit auch der Heidemörder, der nach dem Mord an drei jungen Frauen hier untergebracht worden war. Seine Psychotherapeutin hatte sich dann in ihn verliebt und ihm zur Flucht verholfen, die wochenlang die Stadt in Atem gehalten hatte. Ich überredete die Mutter eines seiner Mordopfer, mit mir zusammen eine Pressekonferenz zu veranstalten. Wir brandmarkten das für die Sicherheit der Hamburger unverantwortliche Chaos in der geschlossenen Psychiatrie, erstatteten Anzeige gegen die Klinikleitung und forderten den Rücktritt der zuständigen Sozialsenatorin.

31

Joschka Fischer allein mit Schill

Am 8. Juni 2001 machte der amtierende Bundesaußenminister Joschka Fischer Wahlkampf für die Grünen in der Stadt. In seiner Rede sagte er, er sei für Multikulti. Schließlich wolle er nicht mit Herrn Schill hier alleine sein. Voll witzig, aber das Lachen sollte ihm und seinen Parteianhängern bald vergehen.

32

Meine Multimillionäre

Mittlerweile interessierte sich die »bessere Gesellschaft« für mich. Unter meinen Freunden, die meine Leidenschaft für heiße sexuelle Abenteuer teilten, befanden sich mittlerweile ein halbes

Dutzend Multimillionäre. Im Nachtclub »Insel«, der vorübergehend nach dem dortigen Sternekoch »Wollenberg« benannt worden war, traf ich mich mit steinreichen Baulöwen, Reedern und einem Telefonmogul, der seine Aktiengesellschaft gerade für 800 Millionen D-Mark verhökert hatte.

Das Problem dieser neureichen Selfmade-Millionäre besteht darin, dass sie auf der Straße keine Sau erkennt. Selbst Privatjets, Luxusjachten und ein Fuhrpark mit den 30 teuersten und angesagtesten Autos der Welt bringt nicht den Bekanntheitsgrad eines einzigen Porträts auf dem Titelblatt einer großen Zeitung. Ambitionierter Neureiche umschwirren deshalb Prominente aus Schauspielerei, Sangeskunst und Politik wie Motten das Licht. Sie veranstalten sogar Fundraising-Dinner mit der Bundeskanzlerin bei sich zu Hause für den Preis eines besseren Ferraris.

Mitte Juni lud mich der Telefonmogul zu einer Sause der besonderen Art ein. Erst ging's mit dem Privatjet nach Mallorca und dann mit seiner Luxusjacht weiter nach Ibiza, um im dortigen Nachtclub »Pasha« die Puppen tanzen zu lassen. Mehr geht nicht!

Auf der Rückfahrt machte jedoch in Sichtweite von Ibiza erst die eine und dann wegen Überlastung auch die andere Maschine des nagelneuen Schiffes schlapp. Zweimal 2.000 PS am Ende und alle hatten am nächsten Tag natürlich wichtige Termine. Schließlich stiegen wir auf dem Flugplatz von Ibiza über ein Treppchen nacheinander in ein gechartertes kleines Propellerflugzeug. Im Moment als der schwergewichtige Sternekoch Wollenberg als Letzter in den hinteren Teil des Flugzeugs einstieg, krachte das Heck unsanft auf die Piste. Plötzlich saßen wir wie in einer Rakete. Behutsam hangelten wir uns aus dem Fluggerät. Das beschädigte Heckleitwerk wurde vom Piloten kurzerhand mit bloßen Händen wieder zurechtgebogen. Nicht besonders vertrauenerweckend. Diesmal wurde Wollenberg als Erster nach vorne gesetzt. Das Flugzeug erinnerte mich an meine Fallschirmspringerei. Nur hatte ich diesmal keinen Fallschirm dabei. Auf dem Flug nach Mallorca schmorten wir im eigenen Saft, da sich der Innenraum des Flugzeugs auf knapp 50 Grad Celsius aufgeheizt hatte.

Und weil der einladende Telefonmogul noch ein paar Tage auf der Insel zu bleiben geruhte, war beim Rückflug nach Hamburg unversehens nur noch Holzklasse im Angebot, und selbst die war schon ohne uns abgeflogen. Vor dem Schalter einer Billigfluglinie warteten wir mit unserer in Mülltüten verpackten Schmutzwäsche auf eine gnädige Chance, doch noch mitgenommen zu werden. Endlich erhielten wir unsere Koffer zurück, die wir wegen der beengten Verhältnisse nicht hatten mit aufs Schiff nehmen können. Seite an Seite mit dem sicher eine Milliarde schweren Baulöwen packte ich nun schweißgebadet und auf Knien meine Klamotten von der Mülltüte in meinen Koffer, während uns die umstehenden Mitglieder eines Kegelvereins mitleidige Blicke zukommen ließen.

Die Nähe von regelmäßig vergleichsweise klammen Politikern zu reichen Geldsäcken ist übrigens nicht unproblematisch, wie nicht erst das Schicksal des Bundespräsidenten Christian Wulff zeigte. Als ich mich beim Formel-1-Rennen in Monte Carlo anstandshalber entschloss, zumindest mal die Frühstücksrechnung zu übernehmen, war ich gleich mit über 500 Euro dabei. Das hält man als Politiker nicht lange durch und lässt sich dann doch zukünftig besser wieder einladen.

Das kann aber ungemütlich werden; denn das ganze Leben ist ein Geben und Nehmen. So hatte ich plötzlich den Telefonmogul in der Leitung, der mir erklärte, er sei mit seinem Aston Martin gerade von der Polizei angehalten worden, weil er eine

gesperrte Straße befahren habe. Er habe den Polizisten mitgeteilt, dass er mit dem Innensenator eng befreundet sei. Ich möge
die Polizeibeamten doch mal eben anweisen, ihn nicht weiter zu
belästigen. Nach diesem Erlebnis verbrachte ich wieder mehr
Zeit bei meinen Freunden auf dem Campingplatz.

33

Meine Generalbundesanwälte

Noch immer schwebte über mir das Damoklesschwert in Gestalt
der Verurteilung wegen des Verbrechens der Rechtsbeugung,
gegen die ich Revision beim Bundesgerichtshof eingelegt hatte.
Ende Juni nun forderte der Generalbundesanwalt das höchste
deutsche Strafgericht auf, mich freizusprechen.

Triumph im Leipziger Bundesgerichtshof – BILD, 5.9.2001

Diese Forderung war außergewöhnlich, da der Bundesgerichtshof fehlerhafte Urteile normalerweise aufhebt und den Fall zur erneuten Verhandlung wieder nach unten verweist. In meinem Fall hielt der Generalbundesanwalt die Verurteilung allerdings für derart abwegig, dass er eine erneute Verhandlung für überflüssig hielt. Eine erneute Verurteilung sei völlig unmöglich. Zeitungen in ganz Deutschland titelten am 26. Juni, Schill triumphiere über die Hamburger Justiz.

Am 4. September 2001 stand ich vor dem Bundesgerichtshof in Leipzig an der Seite meiner beiden Strafverteidiger Walter Wellinghausen und Gerhard Strate. Über 100 Reporter und zahlreiche Fernsehteams aus der ganzen Republik waren angereist. In der Prozesspause folgte uns der ganze Tross wie eine Karawane durch die Leipziger Innenstadt, bis wir uns in einem großen Gartenrestaurant zum Mittagessen niederließen. Anschließend wurden die Aufhebung des Urteils und die Zurückverweisung der Sache an eine andere Strafkammer des Landgerichts Hamburg verkündet. Also doch kein sofortiger Freispruch! Dennoch war ich zufrieden. Der gewaltige, mit dem Verfahren verbundene Rummel war bei rückschauender Betrachtung für den Wahlsieg am 23. September 2001 unverzichtbar. Nun müsste ich mich halt als amtierender Senator irgendwann noch einmal vor Gericht verantworten. Na wennschon.

Mitte August 2001 erteilte der Bundesvorsitzende der FDP und spätere Bundesaußenminister Guido Westerwelle Schill eine klare Absage für eine Koalition seiner Partei in Hamburg. Der FDP-Spitzenkandidat in Hamburg Rudolf Lange war als Konteradmiral Gehorsam gewohnt und folgte zunächst der Weisung seines Chefs. Kurz zuvor hatte ich Lange auf Vermittlung eines angeblichen Obersts der US-Armee im Restaurant der »Insel« am Alsterufer kennengelernt. Wir waren uns auf Anhieb sympathisch.

Der vorgebliche Oberst, der im US-Generalkonsulat ein und aus ging und mit den feinsten Hanseaten verkehrte, wurde allerdings später als vorbestrafter Hochstapler entlarvt. Er hatte seine Uniform auf einem Flohmarkt in London gekauft und sich die ganzen Orden vom Händler anstecken lassen.

Meiner Ablehnung durch die FDP begegnete ich, indem ich Alexander von Stahl für den Fall eines Wahlsieges das Amt des Justizsenators anbot. Er war seit 40 Jahren Mitglied der FDP und von seiner Partei einige Jahre zuvor sogar zum Generalbundesanwalt gemacht worden. Inzwischen war er allerdings ins Abseits geraten, weil er dem rechten Flügel seiner Partei angehörte. Es bereitete mir ein herrliches Vergnügen, Westerwelle mit ihm zu ärgern.

Die *BILD* zitierte von Stahl am 20. August 2001 mit den Worten: »Bei einem Treffen mit Herrn Schill in Hamburg habe ich festgestellt, dass wir rechtspolitisch in vielen Punkten einer Meinung sind.« Am Ende vermochte sich die FDP dem Sog der Macht nicht zu entziehen und bildete mit CDU und Schill den sogenannten Bürgerblock. Allerdings ohne den Ex-Generalbundesanwalt.

Am 21. August erklärte der Erste Bürgermeister von Hamburg, Ortwin Runde, er setze sich nicht mit Schill an einen Tisch. Seine Weigerung, mit mir zu diskutieren, wurde ihm allseits als »Kneifen« ausgelegt. Selbst einer seiner Amtsvorgänger Klaus von Dohnanyi reagierte darauf mit Unverständnis. Es wirkte wie eine Kapitulation. Er hatte Angst vor mir.

34

Künstler gegen Schill

Nachdem im Juli schon die Gewerkschaft Verdi offen Stellung gegen mich bezogen hatte, folgten im August die Künstler. Über 60 Künstler gründeten eine Anti-Schill-Wählerinitiative. Zu ihr gehörten Hardy Krüger, Udo Lindenberg, Marius Müller-Westernhagen, Christian Quadflieg, Will Quadflieg, Uwe Friedrichsen, Volker Lechtenbrink, Ralph Giordano, Judy Winter, Katja Ebstein. Dazu kamen die Intendanten aller größeren Theater. Mit von der Partie waren zudem Filmregisseure, Museumsdirektoren und Kabarettisten. Später meldeten sich noch Günter Grass und Dieter Wedel.

Künstlerprotest –
Hamburger Morgenpost, 27.9.2001

Einen ähnlichen Protest hatte es in der deutschen Nachkriegs-
geschichte nur ein einziges Mal gegeben und zwar gegen die
Kanzlerkandidatur von Franz Josef Strauß im Jahre 1980.

35

Blutige Hände

Unmittelbar vor der Wahl spitzte ich meine Rhetorik noch
einmal ein wenig zu. In einer vom Fernsehen übertragenen
Podiumsdiskussion warf ich dem Innensenator Olaf Scholz vor,
seine Partei, die SPD in Hamburg, habe Blut an den Händen. Es

Wahlwerbung der Grünen, 2001

sei das Blut der vielen Verbrechensopfer, die bei einer verantwortungsvollen Politik hätten vermieden werden können.

Der von mir hoch geschätzte Altbundeskanzler Helmut Schmidt beschimpfte mich deshalb als »rechtsradikalen Volksverhetzer«. Aber er wusste, dass ich die Machtübernahme insbesondere seiner SPD zu verdanken hatte.

36

Triumphaler Wahlsieg

Am 23. September 2001 war der Tag der großen Abrechnung gekommen. Ich erzielte mit meiner erst 14 Monate alten Partei 19,4 Prozent der Wählerstimmen. Zusammen mit CDU und FDP würde es reichen, Rot-Grün zu stürzen und 44 Jahre SPD-Herrschaft zu beenden. Dabei hatte die CDU mit nur 26,2 Prozent ihr zweitschlechtestes Wahlergebnis aller Zeiten eingefahren. Ole von Beust würde Erster Bürgermeister werden. Aber – wie die Zeitungen schrieben – von Schills Gnaden bzw. als meine Marionette.

Nur unter Polizeischutz konnte ich meinen Wahltriumph auf einem Raddampfer an einem Kai des Hamburger Hafens feiern. Die Wahlparty mit 800 Gästen war extra dorthin verlegt worden, weil die Polizei erklärt hatte, die ursprünglich im Fleischgroßmarkt geplante Veranstaltung nicht schützen zu können. Wasserwerfer mussten in Stellung gehen, um die gut 500 linken Demonstranten auf Abstand zu halten. Nach Verlassen des Wahlzentrums wurde ich von zahlreichen Personenschützern der Polizei zum Schiff eskortiert, wo mir meine Anhänger einen begeisterten Empfang bereiteten.

Am nächsten Tag widmete mir sogar die US-amerikanische Zeitung *Washington Post* einen Artikel. Sie nannte mich »Judge Merciless« und bezeichnete das Wahlergebnis als harten Schlag gegen den Bundeskanzler Gerhard Schröder. Der telegene Schill habe sich selbst als Sheriff geformt, der sich auf einem Kreuzzug befände. Der britische *Guardian* titelte: »Judge Merciless starts an anti-libertarian putsch«.

Am 25. September fragte Europas größte Zeitung auf dem Titelblatt ihrer Bundesausgabe: »Mischt er jetzt ganz Deutschland auf? Nach seinem Sensationswahlsieg in Hamburg zittern Parteien und Politiker«. Nach einer Forsa-Umfrage würde jeder vierte Deutsche jetzt Schill wählen. Die Talkkönigin Sabine Christiansen widmete mir unter dem Titel »Schill ante portas – Beispiel für ganz Deutschland« eine Sendung.

37

Meine Leute im Parlament

Von diesem Höhenflug holten mich die 24 Parteimitglieder, die außer mir jetzt im Parlament saßen, rasch auf den Boden zurück. Schon bei der ersten Sitzung im Rathaus begann das Geschacher um die gut dotierten Posten, die der neuen Fraktion jetzt zur Verfügung standen. Fraktionsvorsitzender wurde bis zur Regierungsbildung erst mal ich selbst. Aber auch für die Posten meiner beiden Stellvertreter und des parlamentarischen Geschäftsführers gab es das doppelte Geld. Außerdem stand uns der Posten des Vizepräsidenten des Parlaments zu.

Schon im Vorfeld waren daher Bündnisse geschlossen und Seilschaften gebildet worden. Unterstützung wurde Leuten zugesagt, die sich ihrerseits verpflichteten, einen selbst zu wählen. Es ging zu wie auf dem Basar. Das Schlimmste waren die endlosen Diskussionen. Es war zwar schon alles gesagt, aber noch nicht von jedem.

In auffälligem Gegensatz zu dieser internen Geschwätzigkeit stand die fehlende Redegewandtheit, sobald eine Fernsehkamera auf sie gerichtet war. Uns nicht so wohlgesinnte Journalisten machten regelrecht Jagd auf sie. Eine frischgebackene Abgeordnete blieb auf die nicht sonderlich schwer zu beantwortende Frage, was sie im Parlament nun machen wolle, stumm wie ein Fisch, während die Kamera gefühlte zwei Stunden draufhielt. Dabei hatte sich die Dame auf meiner Besetzungscouch noch die Kehle aus dem Leib geschrien.

Und selbst der rhetorisch nicht unbegabte Hackfluss hatte eine sprachliche Eigenart, die mich im Hinblick auf die anstehenden Koalitionsverhandlungen erschaudern ließ. Er sagte »drinne« statt »drin« und schaffte das Kunststück, dieses falsche Deutsch in jedem dritten seiner Sätze unterzubringen.

Nachdem meine behutsamen diplomatischen Bemühungen erfolglos geblieben waren, machten wir ein Spiel daraus. Hackfluss erklärte sich nach anfänglichem Sträuben bereit, für jedes »drinne« fünf D-Mark in die Parteikasse zu zahlen. Selten ist eine Sitzung derart heiter abgelaufen. Als nach weniger als einer Stunde ein dreistelliger Betrag »drinne« war, sprang Hackfluss mit hochrotem Kopf auf und verließ erbost den Saal.

Ein anderer auch nicht auf den Mund gefallener Abgeordneter ließ bei seinen Umgangsformen einen gewissen Schliff vermissen. Um seinen Worten Nachdruck zu verleihen, pflegte er seine Debattenbeiträge im Parlament mit den Worten zu beenden, darauf könne man »einen lassen«.

Koalitionsverhandlungen

Die in einem Hotel stattfindenden Koalitionsverhandlungen verliefen reibungslos. Mir als zukünftigem Innensenator wurden
800 zusätzliche Polizeibeamte zugestanden. Außerdem sollte ein
geschlossenes Heim für den harten Kern minderjähriger Gewalttäter geschaffen werden. Viel mehr war mit der FDP nicht
zu machen, obwohl deren Konteradmiral durchaus auf meiner
Linie lag.

Beim Betreten der Hotellobby fragte mich ein Journalist bei
laufender Fernsehkamera plötzlich, was ich dazu sage, dass der
Bürgermeister schwul sei. Er meinte natürlich den zukünftigen
Bürgermeister Ole von Beust, von dem Insider aus Politik und
Medien dies wussten. Ich verstand ihn dagegen absichtlich falsch
und äußerte mein Erstaunen darüber, dass der jetzige Bürgermeister homosexuell sei. Als Ole von Beust von meiner Reaktion
erfuhr, war er begeistert und wir lachten herzlich. Er war offenbar erleichtert darüber, dass mich seine sexuelle Orientierung
nicht störte.

Die Verhandlungen wurden bereits Mitte Oktober erfolgreich
abgeschlossen und auf den kurzfristig anberaumten Parteitagen
zur Abstimmung gestellt. Mir standen drei Senatorenposten und
diverse Staatssekretärsposten zur Verfügung. Hackfluss war als
Senator für Bau, Verkehr und Stadtentwicklung vorgesehen.
Mein alter Freund und Studienkollege, der Rechtsanwalt Rehaag,
sollte Senator für Gesundheit und Umwelt werden.

Senator Schill

Am 31. Oktober wählte das Parlament die neue Regierung. Zu Beginn der Sitzung durfte der alte rot-grüne Senat ein letztes Mal auf der Regierungsbank Platz nehmen und gab ein Bild des Jammers. Selten habe ich Leute derart sauertöpfisch dreinblicken sehen.

Erwartungsgemäß wurde Ole von Beust zum Ersten Bürgermeister gewählt, wie der Ministerpräsident im Bundesland

Hamburger Morgenpost

Hamburg traditionell genannt wird. Ich selbst wurde sogenannter Zweiter Bürgermeister, also stellvertretender Ministerpräsident. Außerdem wurde ich Innensenator und Mitglied des Bundesrates, der in Berlin neben dem Bundestag für die deutsche Gesetzgebung zuständig ist.

In Deutschland gehörte ich zu den ganz wenigen Politikern, die allen drei Gewalten angehört hatten: als Richter der Judikative, als Fraktionsvorsitzender meiner Partei der Legislative und als Senator der Exekutive. Als Innensenator war ich oberster Chef der Polizei, der Feuerwehr und der Ausländerbehörde.

Ich hatte als Trommler für Ole von Beust und mich das Hamburger Rathaus erobert, das mehr Zimmer hat als der Buckingham Palace der britischen Queen. Wegen der Bedeutung Ham-

Mit Ole von Beust am Tag der Regierungsbildung

Mit Wladimir und Vitali Klitschko

Mit Steffi Graf und Königin Silvia von Schweden bei deren Eintrag ins Goldene Buch Hamburgs – Hamburger Abendblatt, 2003

burgs als Hafenstadt empfangen die Bürgermeister in diesem prächtigen Palast mehr Könige und Staatsgäste als alle übrigen Ministerpräsidenten der Bundesländer zusammen genommen. Mir selbst wurde diese Ehre als Oles Vertreter gelegentlich zuteil.

Im Übrigen empfing ich im Rathaus meine jeweilige Königin der Nacht, nachdem ich sie aus der »Insel« abgeschleppt hatte. Die Neigung meiner schönen Begleiterinnen, sich mir in diesem Ambiente zu verweigern, tendierte gegen null.

40

Insignien der Macht

Gleich am ersten Arbeitstag wurde ich mit den Insignien der Macht ausgestattet. Im Rathaus erhielt ich ein mit persönlichem Referenten und persönlicher Sekretärin besetztes Büro. Zusätzlich hatte ich ein Senatorenbüro in der Innenbehörde, wie das Innenministerium im hanseatischen Understatement genannt wird. Hier stand mir außer einer netten Sekretärin noch eine sogenannte Terminreferentin zur Verfügung, die nichts anderes zu tun hatte, als eingehende Einladungen zu sichten und daraus in Abstimmung mit mir meinen Terminplan zu erstellen. Dazu kamen ein weiterer persönlicher Referent und mein Pressesprecher. Für die mir bereitgestellte Luxuslimousine standen abwechselnd zwei Chauffeure zur Verfügung, damit ich Tag und Nacht auf sie zurückgreifen konnte. Zu meinem persönlichen Schutz waren neun speziell ausgebildete Polizeibeamte als Leibwächter abgestellt, von denen mich drei ständig begleiteten. Sie benutzten dazu eine weitere Luxuslimousine, die meiner zum Verwechseln ähnlich war.

Meine Privatwohnung wurde aufwendig gesichert. Sie erhielt eine einbruchsichere Tür, schusssicheres Fensterglas, einen großen Safe und eine direkte Alarmleitung zur Polizei. Was für ein unglaublicher Pomp, den sich die SPD in ihrer ganzen Selbstherrlichkeit geleistet hatte! Sie hatte die Stadt wirklich behandelt, als sei sie ihr Eigentum. Ich sah nun freilich keinen Anlass, ausgerechnet für mich auf diese Annehmlichkeiten zu verzichten, und behielt sie bei. Einer meiner Nachfolger von der CDU hat sogar richtig hingelangt, indem er eine stark renovierungsbedürftige große Villa kaufte, in der die unzähligen Fenster ohnehin hätten ausgetauscht werden müssen. Für die Absicherung seines neuen Hauses zahlte die Stadt mal eben über eine Million Euro.

Da mir die ständige Anwesenheit meiner Leibwächter während meiner nächtlichen Eroberungsfeldzüge doch etwas lästig war, beanspruchte ich eine weitere Insigne der Macht. Ich wies den Chef meiner Behörde an, mir einen Waffenschein auszustellen. Flugs bekam ich es mit dem arteigenen Sträuben eines ver-

Schill steht auf 007

James Bond trug auch die kleine Pistole vom Typ Walther PPK

Mit einer kleinen Pistole, wie James Bond sie trug; tatsächlich trug ich eine größere Glock 17 – Hamburger Abendblatt, 2002

dienten SPD-Genossen zu tun, der mir erklärte, für eine ohnehin durch Leibwächter geschützte Person bedeutete das Tragen einer eigenen Pistole eine Gefahr. Nur war ich nicht Innensenator geworden, um jetzt diesen Unsinn anzuhören. Und schon hielt ich die begehrte Urkunde in der Hand.

Mit meinen Leibwächtern ging ich in den Schießkeller der Polizei und ballerte, was das Zeug hielt. Schließlich entschied ich mich für eine auch bei Attentätern beliebte österreichische Hochleistungspistole der Marke Glock 17. Ich trug sie fortan durchgeladen in einem Schulterhalfter unauffällig unter der Anzugjacke. Als der US-Präsident George W. Bush im Bundestag eine Rede zu dem von ihm geplanten Irakkrieg hielt, war ich wohl der Einzige, der im Plenum eine Waffe trug. Seine eigenen Leibwächter waren draußen geblieben.

Da es in meiner von Genossen durchsetzten Behörde keine Geheimnisse gab, berichteten schon bald die Medien über meine Pistole und zeigten mich in Fotomontagen als James Bond. Abgeordnete der Grünen stellten Anfragen dazu an den Senat. Am Ende entschied das Verfassungsgericht, dass ich sie nicht beantworten müsse. Ole erzählte den Medien Jahre später, ihm breche immer noch der Angstschweiß aus, wenn er daran denke, dass ich bei unserem Streit in seinem Dienstzimmer bewaffnet gewesen sei.

41

Übernahme der Innenbehörde

Mein Amtsvorgänger, Olaf Scholz, war ein schlechter Verlierer. Er verweigerte mir die übliche Amtsübergabe. Ich hatte dem erfolgsverwöhnten Genossen die größte Niederlage seines Lebens beigebracht.

Scholz hatte im Mai sein Bundestagsmandat niedergelegt, um als neuer Innensenator den Machtverlust an Schill zu verhindern. Nun hatte er auch das Senatorenamt verloren. Und nicht einmal dem Hamburger Parlament gehörte er jetzt an, weil die Liste dafür schon am Jahresanfang aufgestellt worden war. Als Landesvorsitzender war er Hauptverantwortlicher für den Machtverlust und hatte versagt.

Scholz blieb nichts anderes übrig, als wieder in seinen Anwaltsberuf zurückzukehren, um dort sein Geld zu verdienen. Später erholte er sich. Er wurde Generalsekretär der SPD und Bundesarbeitsminister. Zehn Jahre nach seinem Waterloo wurde er dann Erster Bürgermeister.

Nach 44 Jahren ununterbrochener SPD-Herrschaft sind die Behörden naturgemäß von Genossen durchsetzt. Wer hier Karriere machen wollte, benötigte das Parteibuch der SPD. Die Übernahme einer solchen Behörde gleicht daher normalerweise einem Höllenritt. Der neue Senator wird zwar freundlich empfangen. Aber hinter den Kulissen werden Fallstricke gelegt und ständig geheime Informationen an die Politiker der eigenen Partei weitergegeben. Der Admiral Lange von der FDP, der die Schulbehörde übernommen hatte, wurde rasch Opfer dieser Machenschaften. Ich selbst war davon weniger betroffen, obwohl auch meine Innenbehörde von Genossen durchsetzt war. Aber die SPD hatte die Polizei jahrelang so schlecht behandelt, dass viele ihrer Genossen nun auf meiner Seite standen. Schließlich kam ich mit einem ganzen Sack voller Geschenke in Gestalt von vielen Millionen, die ich für sie in den Koalitionsverhandlungen zusätzlich lockergemacht hatte.

Das Wichtigste aber war, dass ich der Polizei das Gefühl gab, die Politik stehe hinter ihr, statt ihr permanent zu misstrauen.

Ein Instrument des Misstrauens war eine sogenannte Polizeikommission, die es bezeichnenderweise nur in Hamburg gab. Bei jeder Beschwerde unzufriedener Bürger sollte dieses von der Polizei unabhängige Gremium Ermittlungen aufnehmen. Naturgemäß lud die bloße Existenz dieses Ausschusses zu Diffamierungen geradezu ein.

Meine erste Amtshandlung bestand in der Auflösung dieses Instrumentes des Misstrauens. Der im Parlament an mich gerichteten Frage, ob ich den für das Jahr fertigen Bericht nicht wenigstens entgegennehmen wolle, begegnete ich mit Spott. Ich wolle das gern tun. Denn es gäbe einen kalten Winter. Da könne ich das ganze Papier für den Kamin gut gebrauchen.

Meine zweite Amtshandlung bestand darin, den von der SPD eingesetzten Polizeipräsidenten in mein Senatorenbüro zu zitieren. Die SPD hatte ihn der Polizei vor die Nase gesetzt, obwohl er von Polizeiarbeit etwa so viel Ahnung hatte wie meine Großmutter. Er war zuvor immer in der Verwaltung einer technischen Hochschule tätig gewesen. Eingangs stellte ich ihm die Frage, wie lange er denn nun Polizeipräsident gewesen sei, morgen mal nicht mehr mit gerechnet. Später teilte er den Medien mit, sein Rausschmiss habe nur vier Minuten gedauert. Dabei waren es höchstens zwei.

42

Polizisten für Hamburg

Für die von mir versprochenen 800 zusätzlichen Polizeibeamten hatte ich zwar die finanziellen Mittel erstritten. Aber ich könne sie nicht klonen, wie ich gegenüber den Medien gebetsmühlenartig um Verständnis warb. Die Ausbildung eines Polizeibeamten dauere nun mal drei Jahre. Die einzige Möglichkeit einer beschleunigten Aufstockung unserer Kräfte lag darin, Polizisten in anderen Bundesländern gezielt abzuwerben. Bei der schon während der ersten Wochen meiner Amtszeit stattfindenden Konferenz aller deutscher Innenminister drohten mir meine Kollegen für diesen Fall offen mit Krieg. Sie würden sich zukünftig geschlossen weigern, Hamburg bei Großdemonstrationen – wie üblich – leihweise mit ihren Polizeikräften zu unterstützen.

Da jedes Bundesland bei Großereignissen schon mal auf die kurzfristige Entsendung von ein paar Tausend Polizisten zur Verstärkung angewiesen sein kann, wäre eine derartige Verweigerung brandgefährlich gewesen. Gewalttätige Chaoten in ganz Deutschland hätten gewusst, dass sie nur zahlreich genug in Hamburg erscheinen müssten, um über meine Polizei zu triumphieren. Und die Sorge meiner Ministerkollegen, fertig ausgebildete Polizisten an Hamburg zu verlieren, war ja auch verständlich. Schließlich hatten sie in die Ausbildung jedes ihrer Beamten 100.000 Euro investiert. Am Ende erklärte sich mein neu gewonnener Freund, der bayrische Innenminister Beckstein, bereit, mir als symbolischen Akt 20 Polizisten aus Bayern eine Zeit lang zur Verfügung zu stellen.

Ich entschärfte das Personalproblem durch die Einstellung von 250 polizeilichen Hilfskräften, deren Ausbildung nur wenige Wochen in Anspruch nahm. Sie entlasteten fortan die Polizei beim Objektschutz, das heißt bei der Bewachung insbesondere von Konsulaten.

Im August 2002 ergab sich dann unerwartet doch noch die Chance, unsere Polizeikräfte kurzfristig massiv aufzustocken. Das Bundesland Berlin war derart pleite, dass 500 dort fertig ausgebildete Polizisten nicht übernommen werden konnten.

Aber der Bundesinnenminister Otto Schily hatte sich gegenüber seinem Genossen, dem Innensenator von Berlin, schon bereit erklärt, die Polizisten gegen Übernahme von deren Ausbildungskosten für die Bundespolizei zu übernehmen.

Ein hoher Beamter meiner Behörde war abends in mein Arbeitszimmer gestürmt und hatte mir diesen Sachstand mitgeteilt. Er als ehemaliger Vorsitzender der SPD-nahen Polizeigewerkschaft GEW habe von dieser Schweinerei gerade von seinen Berliner Gewerkschaftskollegen erfahren. Die jungen Kollegen aus Berlin sollten schon morgen gedrängt werden, bei der Bundespolizei zu unterschreiben.

Um diese Polizisten für Hamburg zu gewinnen, war also absolute Eile geboten. Hamburg war für sie viel attraktiver. Denn bei der Bundespolizei wären sie von einer Metropole in die Wallachei versetzt worden; etwa zur Grenzsicherung an die polnische Grenze. Wir setzten alle Hebel in Bewegung, um sie über Hamburg als Alternative noch rechtzeitig zu informieren. Bedauerlicherweise erklärten sich die Anzeigenabteilungen der Berliner Zeitungen außerstande, so spät für den nächsten Tag noch Anzeigen entgegenzunehmen. Unsere einzige Chance war, die Zeitungen in Berlin zu überzeugen, unser Angebot an die Polizeianwärter in den redaktionellen Teil zu übernehmen. Unsere Anzeigen würden wir dann für den übernächsten Tag schalten.

Das gelang, und am nächsten Tag drängten sich fast 500 junge Polizisten vor der Vertretung des Bundeslandes Hamburg in Berlin, um bei uns zu unterschreiben. Wir hatten durch diesen Coup 500 zusätzliche Polizisten gewonnen und 50 Millionen Euro an Ausbildungskosten eingespart. Bundesinnenminister Schily und der Berliner Innensenator kochten vor Wut. Später bat mich Letzterer, doch zumindest ein Teil von Berlins Ausbildungskosten zu übernehmen. Ich stellte ihm eine wohlwollende Prüfung seines Ersuchens in Aussicht.

43

Blaue Polizeiuniformen

Für die Motivation meiner Polizeibeamten erschien mir die Schaffung zeitgemäßer, dunkelblauer Polizeiuniformen unerlässlich. Die in den 70er-Jahren bundesweit eingeführten Uniformen waren in Fäkalfarben gehalten und ließen die Polizisten aussehen wie Förster. Es muss ein Polizeihasser gewesen sein, der sie entwickelt hat. Die verwendeten Materialien waren so beschaffen, dass sich der Körper der Uniform anzupassen hatte, statt umgekehrt. Trotz des Angebotes, öffentliche Verkehrsmittel in Uniform kostenlos benutzen zu können, machte bezeichnenderweise kaum ein Polizist davon Gebrauch, weil es offenbar zu peinlich war.

In der Innenministerkonferenz hatte sich zwar zuvor schon Hessen für die Einführung neuer Polizeiuniformen ausgesprochen. Aber es galt das Einstimmigkeitsprinzip, an das sich alle Bundesländer hielten. In ganz Deutschland sollte die Polizei unbedingt einheitlich gekleidet sein, um deren Erkennbarkeit für durchreisende Bürger nicht zu beeinträchtigen. Solange also nicht alle Bundesländer der Einführung neuer Uniformen zustimmten, war das Projekt zum Scheitern verurteilt. Bei meiner ersten Teilnahme an der Innenministerkonferenz im November 2001 gab es nicht einmal eine Mehrheit dafür. Es wäre also niemals etwas daraus geworden.

In dieser Situation erklärte ich meinen verdutzten Ministerkollegen kurz und bündig, ich sei fest entschlossen, in Hamburg neue Polizeiuniformen einzuführen. Das Einstimmigkeitsprinzip gelte für mich nicht, da ich es nicht mit beschlossen hätte. Es war wie ein Dammbruch. Nur kurze Zeit darauf führte auch Bundesinnenminister Schily für seine Bundespolizisten blaue Uniformen ein.

In Hamburg gewann ich den weltbekannten Designer Luigi Colani für mein Projekt. Als er mir im Restaurant eines Hotels gegenübersaß, galt meine Aufmerksamkeit mehr seiner hinreißenden Assistentin. Sie war gestylt wie eine vornehme Dame aus den Goldenen Zwanzigerjahren und auch ihr Habitus war entsprechend. Absolut atemberaubend! Zu ihrem Kostüm trug sie einen Hut, dessen Netzschleier einen Teil ihres Gesichtes verdeckte. Dazu trug sie feine Seidenstrümpfe. Jedenfalls war ich mir sicher, dass sich eine Frau dieser Klasse niemals durch eine Strumpfhose verunstalten würde.

Bei unserem ersten Sex in meinem Senatorenbüro wurde ich nicht enttäuscht. Der große Colani hatte eine gute Wahl getroffen. Seine Uniformentwürfe waren dagegen weniger brauchbar. Alles viel zu schwul und viel zu rund, wie ich fand. Der in enger Zusammenarbeit mit der Polizei von der Firma Tom Taylor entwickelte Prototyp hatte mit den Entwürfen Colanis nicht sonderlich viel gemein.

Der zur Präsentation in den edlen Sälen der Handelskammer eingeflogene Große Meister war enttäuscht und drohte seine Teilnahme abzusagen, wenn er mich nicht sofort sprechen könne. Ich machte ihm klar, dass die neuen Uniformen für immer mit seinem Namen verbunden sein würden, egal ob sie nun seinen Entwürfen besonders ähneln oder nicht. Er sah das ein und ließ sich von Hamburgs feiner Gesellschaft feiern.

Schließlich spiegelt das heute in Gebrauch befindliche Endprodukt meine persönlichen Designvorstellungen stärker wider als die Colanis. Nicht einmal die Mütze durfte rund sein. Ich allein hatte das achteckige Modell der New Yorker Polizei durchgesetzt, weil ich es schneidiger fand.

44

Partynator

Reich bebilderte Schlagzeilen in Wochenmagazinen wie *SPIEGEL*, *FOCUS* oder *BUNTE* ließen bald ein gesteigertes journalistisches Interesse an meinem nächtlichen Privatleben erkennen. Es begann bereits Ende November 2001 mit der Story »Gnadenlos trifft Schamlos«: Ich war auf einer halbwegs seriösen Veranstaltung namens »Movie meets Media« Manuela Schaffrath, alias Gina Wild, begegnet, ohne sie zu erkennen. Sie hatte mich nett begrüßt und schon war das gemeinsame Foto mit der berühmten Porno-Queen im Kasten. Eine Woche danach traf

Mit Michaela Schaffrath alias Gina Wild auf der »Movie meets Media«-Party im Hamburger Nobelclub »Valentino's«, 2001

ich auf der Premiere eines Musicals eine bekannte Schauspielerin wieder und unter unserem Foto wurde die Frage aufgeworfen, warum sie mich so anhimmele. Ich kannte die Antwort.

45

Schill für Deutschland

Aufgrund unseres fulminanten Wahlsieges in Hamburg sahen nun politikverdrossene Menschen in ganz Deutschland in der Schill-Partei eine gute Alternative zu den verhassten Altparteien. Unsere Mitgliederzahlen stiegen von gut 1.000 auf bis zu 7.000 bundesweit. Für die 2002 in Thüringen angesetzte Landtagswahl wurden uns in Wahlumfragen 37,9 Prozent der Wählerstimmen vorausgesagt.

Unter Ausschluss der Öffentlichkeit und sehr diskret empfing ich in meinem Rathausbüro eine Delegation aus Politikern der bayrischen CSU, die wie ein Relikt aus guter alter Zeit die ZDF-Ikone Gerhard Löwenthal in ihrer Mitte hatten. Der alte Herr ergriff meine Hand so ehrfürchtig wie die eines Mafiapaten. Es wurden Pläne geschmiedet, die Schill-Partei als eine CSU des Nordens aufzubauen, die im nicht bayrischen Restdeutschland neue Wählerschichten erschließen solle.

Der Geheimnistuerei meiner Besucher entnahm ich freilich, dass sie nicht im offiziellen Auftrag ihrer Parteispitze verhandelten. Sie hatten im jetzigen Stadium noch Angst aufzufliegen und wollten eigentlich nur unverbindlich vorfühlen. Edmund Stoiber bezeichneten sie als Schlappschwanz. Er sei als Bundeskanzler aber immer noch besser geeignet als Angela Merkel, die es unbedingt zu verhindern gelte.

Wegen der bereits im April 2002 in Sachsen-Anhalt bevorstehenden Landtagswahl benötigte ich einen Statthalter dort jetzt am dringendsten. Ich hatte die Wahl zwischen einem Polizeipräsidenten aus der Gegend und einem Multimillionär aus Hamburg, der in Sachsen-Anhalt zahlreiche Altenheime betrieb. Ich entschied mich am 20. November für den mit mir freundschaftlich verbundenen Multimillionär, weil er zusagte, mehr als eine Million Euro in den dortigen Wahlkampf zu investieren.

Der Ausgang dieser ersten Wahl nach Hamburg war von entscheidender Bedeutung für die Zukunft meiner Partei. Würden wir dort unter fünf Prozent bleiben, verlören die Wähler in ganz Deutschland ihr Vertrauen in uns als wählbare Alternative. Im Hinblick auf die für September 2002 angesetzte Bundestagswahl versuchte ich bereits jetzt, Einfluss darauf zu nehmen, wen die Union zum Kanzlerkandidaten nominiert. Ich erklärte öffentlich, dass die Schill-Partei gegen einen Kanzlerkandidaten Stoiber nicht antreten werde, wohl aber gegen eine Kandidatin Merkel. Die Zeitungen titelten: »Entscheidet der Schill-Faktor die K-Frage?«. Sogar die *New York Times* widmete meinen Expansionsplänen einen großen Artikel und schrieb: »›Judge Merciless‹ thinks all Germany needs him«.

46

Brechmittel

Mitte Dezember starb ein schwarzafrikanischer Drogendealer nach einem Brechmitteleinsatz. Ihm war wie üblich von einer Ärztin der Rechtsmedizin ein spezieller Sirup mittels einer Nasensonde eingeflößt worden, damit er die heruntergeschluckten

– in Plastik eingeschweißten – Kokainkügelchen erbreche. Als Ursache für seinen Tod wurde später ein Herzfehler festgestellt.

In einer zusammen mit dem Justizsenator einberufenen Pressekonferenz erklärte ich, dass der Einsatz von Brechmitteln gegenüber mutmaßlichen Drogendealern – ungeachtet dieses bedauerlichen Zwischenfalls – unvermindert fortgesetzt werde. Ausgerechnet der Chef des Landeskriminalamtes legte deshalb sein Amt nieder. Welchen Weicheiern hatte die SPD hier bloß eine Karriere ermöglicht? Ich selbst wurde von Sympathisanten des Dealers wegen Mordes angezeigt.

Die massenhaften Brechmitteleinsätze zahlten sich für die Sicherheit Hamburgs aus. Schon im Februar 2002 fehlten dem Justizsenator Gefängniszellen, um die zahlreichen aufgrund meines Wirkens eingesperrten Dealer unterzubringen. Er musste die doppelte Belegung von Einzelzellen anordnen.

Da aufgrund des von mir herbeigeführten Verfolgungsdrucks viele Drogenhändler ins Hamburger Umland auswichen, beschwerten sich die dortigen Bürgermeister in einem Appell gegenüber den Medien. Sie erklärten, Hamburgs Dealer nicht bei sich zu wollen. Ich hätte das Problem nur verdrängt und sie müssten das jetzt ausbaden. Die Ärmsten!

47

Freispruch, Staatsrat und Polizeipräsident

Mitte Dezember war es mal wieder so weit. Zum dritten Mal stand ich nun als Angeklagter wegen des Verbrechens der Rechtsbeugung und wegen Freiheitsberaubung vor einem Strafgericht. Erstmals in der Hamburger Geschichte stand ein Mitglied der

Regierung vor einer Großen Strafkammer. Diesmal erschien ich mit vier polizeilichen Leibwächtern und der Umgangston war deutlich freundlicher als beim ersten Verfahren. Schon am zweiten Verhandlungstag beantragte sogar der Oberstaatsanwalt Freispruch, der dann auch im Urteil ausgesprochen wurde. Noch am selben Nachmittag ernannte ich meinen Strafverteidiger Walter Wellinghausen zu meinem Staatsrat. Ich hatte dies bereits einen Monat zuvor angekündigt, musste aber bis zu diesem Tag warten, weil er mich als Staatsrat nicht hätte verteidigen dürfen.

Als ehemals hoher Funktionär der SPD genoss er bei den Genossen in meiner Behörde hohe Akzeptanz. Andererseits war er mir gegenüber absolut loyal und setzte die von mir vorgegebene Politik konsequent um. Ich bat ihn, sein SPD-Parteibuch unbedingt zu behalten. Die SPD kotzte. Sie büßte dafür, dass sie auch ihn schlecht behandelt hatte.

Kurz darauf machte ich Bayerns erfolgreichsten Polizisten Udo Nagel zu meinem neuen Polizeipräsidenten. Er hatte dort als Leiter der Mordkommission das Profiling, eine psychologische Methode zur Aufspürung von Serienkillern, entwickelt. Der *FOCUS* ließ verlauten, die Männerfreundschaft zwischen dem bayrischen Innenminister Beckstein und Schill habe Hamburg einen neuen Polizeichef beschert.

48

Neues Jahr bringt neue Liebe

Den Heiligen Abend verbrachte ich damit, gut 30 Polizei- und Feuerwehrreviere zu besuchen und die diensthabenden Beamten mit Berlinern zu beschenken, wobei es sich hierbei um für diesen Zweck als Spenden eingeworbenes Gebäck handelte. Bis zur ebenfalls als Geschenk empfundenen Verstärkung durch Berliner Polizisten sollte es noch einige Monate dauern. Während den Medien meine Beschäftigung als Weihnachtsmann keine Zeile wert war, liefen sie anlässlich einer Silvesterparty eine Woche später zu Höchstform auf. Ich war von einer befreundeten Journalistin in ein schickes Penthouse an der Alster mitgeschleppt worden, dessen Besitzer ich selbst nur flüchtig kannte. Sie hatte mir versichert, nichts über mich zu berichten, und hielt sich auch daran.

Plötzlich stand Indi vor mir, über die es bald heißen sollte, sie sei so schön und so exotisch wie eine Prinzessin aus *Tausendundeiner Nacht*. Sie war eine Waffe von Frau! So eine wird nur alle 2.000 Jahre geboren. Sofort stürzten wir uns aufeinander, als ginge es um unser Leben. Wir bemerkten nicht einmal, wie sich die anderen Gäste echauffierten. Es wäre uns auch egal gewesen.

Ein Politikredakteur vom *FOCUS* erzählte mir später, der Gastgeber habe alle Redaktionen abtelefoniert, um die Geschichte von seinem über Stunden blockierten Badezimmer loszuwerden. Schließlich hatte unter anderen die *BUNTE* Freude daran.

Am nächsten Morgen musste ich schon um zehn Uhr im Rathaus an der Seite von Ole den traditionellen Neujahrsempfang der Bürgermeister zelebrieren. Über 2.100 Leute warteten geduldig darauf, uns die Hand zu schütteln. Es nahm kein Ende. Ich dachte an Indi und war immer noch völlig berauscht vom Sex mit ihr. Unsere frische Liebe half mir, die schweren Unwetter der nächsten sechs Wochen gut zu überstehen.

49

Kokain-Kampagne

Der Skandalreigen des Jahres 2002 wurde nicht von mir, sondern von meinem Parteivize Hackfluss eröffnet. Kaum zum Senator ernannt, hatte er zum Höhenflug angesetzt und seine Frau nach über 20 Ehejahren erst einmal gegen eine wesentlich jüngere ausgetauscht. Als er seine neue Partnerin dann auch gleich als Referentin einstellte, war der Skandal perfekt und die Medien nahmen ihn tagelang unter Feuer. Zudem hatte er sich bei seiner Verteidigung auch noch in Lügen und Widersprüche verstrickt. Schließlich war er ganz verzweifelt und bot Ole von Beust in hündischer Ergebenheit seinen Rücktritt an. Da Ole, mit dem

Ronald Schill in Bier-fröhlicher Runde mit Andreas Fritzenkötter (links) und Klaus Ebert (Mitte)

Die Sylt-Party hat Tradition und Stil

**Mit zwei Top-Journalisten zum Auftakt
der Kokain-Kampgane im Sylter »Sansibar«, 2002**

ich mich mittlerweile duzte, nicht schon nach gut zwei Monaten ein Regierungsmitglied verlieren wollte, lehnte er ab und Hackfluss war gerettet. Ich selbst hatte mich nicht für meinen Vize eingesetzt, da seine Loyalität mir gegenüber schon zunehmend zu wünschen übrig gelassen hatte.

Die Sache mit Hackfluss war schnell vergessen, weil sie durch das Skandalgewitter um meine Person nun völlig in den Schatten gestellt werden sollte. Alles begann mit meiner Teilnahme am – von der Firma Reemtsma im Sylter Restaurant »Sansibar« ausgerichteten – bayrischen Hüttenfest, das am 19. Januar stattfand und dem traditionellen Sylter Neujahrsschwimmen vorgelagert war. Ein mit mir eng befreundeter Sylter Gastronom hatte mich gebeten, die Einladung von Reemtsma anzunehmen, um zusammen mit ihm dort seinen Geburtstag zu feiern. Zu den etwa 100 handverlesenen Gästen gehörte die Crème de la Crème der deutschen Medienlandschaft. Mit von der Partie waren Bauer-Verlagspressechef Andreas Fritzenkötter, dpa-Chef Dr. Wilm Herlyn, Gruner+Jahr-Kommunikationschef Martin Kotthaus, RTL-Nord-Chef Klaus Ebert, *Financial Times Deutschland*-Chefredakteur Christoph Keese, Musical-Produzent Peter Schwenkow, Schauspielerin Anja Schüte, Sänger Roberto Blanco und schließlich Naddel, die Ex von Dieter Bohlen.

Merkwürdigerweise wurden Naddels Finger zwei Tage später am Münchener Flughafen genauestens untersucht. Und man fand, was man finden wollte: Spuren von Kokain. Sofort berichteten die Medien, Naddel sei gerade vom Sylter Hüttenfest gekommen, wo sie zusammen mit dem Innensenator Hamburgs ein rauschendes Fest gefeiert habe. In laufender Parlamentsdebatte brachte ein für seine Bissigkeit bekannter Abgeordneter der Grünen den gegen mich erzeugten bösen Schein auf den Punkt: »Da hat sich unsere Partygröße auf Sylt amüsiert, wo – wenn wir den Zeitungen glauben sollen – nicht nur Champagner, sondern auch Koks die Partydroge gewesen sein soll.«

Seine Worte fanden wiederum Widerhall in allen Medien. Damit nahm die Sache Fahrt auf. Die relativierende Erklärung des RTL-Chefs Ebert fand weniger Interesse. Er hatte gesagt, die einzigen Drogen, die auf dem Hüttenfest konsumiert worden seien, seien Bier, Wein und Schnaps gewesen. Koks auf den Tischen sei unmöglich gewesen, da auf den Tischen ja getanzt worden sei.

Genau eine Woche später erfolgte dann der nächste Schlag. Der Bundesverfassungsrichter und ehemalige Justizsenator Professor Dr. Hoffmann-Riem forderte mich in einem offenen Brief über die Medien auf, endlich Farbe zu bekennen und zu erklären, ob ich denn nun Kokain konsumiere oder nicht. Die Ungewissheit der Öffentlichkeit in dieser Frage liefe sonst auf eine Beschädigung meines Senatorenamtes hinaus. Bisher hatte ich mich geweigert, eine derartige Erklärung abzugeben, und ließ die Medien wissen, der Verdacht sei doch völlig an den Haaren herbeigezogen und im Grunde abwegig. Ich würde nicht über jedes Stöckchen springen, das man mir hinhalte. Nun hielt mir ein Richter des höchsten Gerichts Deutschlands einen ganzen Balken hin. Natürlich attackierte ich ihn dafür scharf, indem ich erklärte, er habe sich den Verleumdern der gegen mich geführten Schmutzkampagne angeschlossen und damit sein eigenes Amt besudelt.

Aber es nützte nichts. Ich musste mich als für die Drogenbekämpfung hauptverantwortlicher Innensenator dazu herablassen, öffentlich zu erklären, das ich selbst kein Kokain konsumiere. Meinen Feinden war es gelungen, mich mit dem Kokainverdacht einzuweben wie mit einem Spinnennetz.

Als ich im Cockpit des Privatjets meines Statthalters von Sachsen-Anhalt neben ihm sitzend in Hamburg durchstartete, hoffte ich, die leidige Geschichte hinter mir zu lassen. Wir landeten auf dem kleinen Flugplatz von Magdeburg, wo bereits der Hubschrauber stand, mit dem Bundeskanzler Schröder aus Berlin für den hiesigen Wahlkampf angereist war. Schröder hatte man die lästige Reise im Hubschrauber mit der Begründung zugemutet, die Start- und Landebahn in Magdeburg sei für Jets zu kurz. Als bei seinem Abflug mein Jet direkt vor seiner Nase stand, soll er getobt haben. Schröder konnte nicht wissen, dass mein Statthalter seine Cessna Citation extra für kleine Flugplätze hat konzipieren lassen, um in der Nähe seiner Seniorenheime landen zu können.

Leider hatten auch die Reporter in Magdeburg und Halle mehr Interesse am Kokain als an unserem Wahlkampf. Die Medien hatten jetzt richtig Blut geleckt und zusätzlich zu dem ja bedauerlicherweise noch etwas dünnen Kokainverdacht jede Menge weiteren Dreck ausgegraben. Am 4. Februar 2002 kamen sowohl *SPIEGEL* als auch *FOCUS* mit mehrseitigen Reportagen. Tenor war der Partynator Schill im Affärenrausch. So seien die ehrenamtlichen Bodyguards, die mich auf meinen Hamburger Wahlveranstaltungen geschützt hatten, erstens vorbestraft und zweitens rechtsradikal. Ich selbst sei faul. Ich würde als Senator als Letzter kommen und als Erster wieder gehen. Meine Mitarbeiter ließe ich nicht ausreden. Mein Staatsrat habe zuvor als Rechtsanwalt einer Kanzlei angehört, in der seine Kollegen auch Leute aus dem Bereich der organisierten Kriminalität vertreten hätten. Überdies habe man ihm vor seiner Kanzlei ins Bein geschossen, was in Mafiakreisen als letzte Warnung gelte. Der Chef des Landeskriminalamtes habe deshalb sein Amt niedergelegt und nicht wegen meiner Fortsetzung der Brechmitteleinsätze. Gegenüber hohen Polizeiführern hätte ich angeordnet, die Schickeria bei der Drogenfahndung zu verschonen. In meiner

Stammdiskothek »Insel«, gern auch als »Schills Wohnzimmer« bezeichnet, würden auch Kriminelle verkehren. Ich würde mich dort mit Ludern vergnügen. Selbst mit einer Pornodarstellerin sei ich schon abgelichtet worden.

Andere Blätter vermeldeten, ganz Deutschland diskutiere über das Privatleben von Senator Schill und Berlins Bürgermeister Wowereit. Einige titelten auch einfach: »Senator Sex und Bürgermeister Schampus«. Meine nächtlichen Streifzüge als erweiterte Bürgersprechstunde zu rechtfertigen, zog nicht mehr. Wohlmeinende Journalisten prophezeiten mir, die Schlagzeilen würden bald so groß werden, dass ich von ihren Balken erschlagen würde.

Am 7. Februar 2002 sollte der Kokainverdacht einem furiosen Finale entgegengetrieben werden. Das ARD-Magazin *Panorama* präsentierte einen – in seinem äußeren Erscheinungsbild verfremdeten – Zeugen, der bekundete, ich hätte mir auf der Wahlparty in Anwesenheit von 800 Gästen und 100 Journalisten Kokain ganz ungeniert aufs Zahnfleisch geschmiert.

Die Sache schlug ein wie eine Bombe. Endlich hatte man den Schill! Oder glaubte es zumindest. Niemand schien zu interessieren, dass das beschriebene Verhalten – außer im Falle von Zahnschmerzen – überhaupt keinen Sinn macht. Jedenfalls ein Rauscheffekt kann dadurch nicht erzielt werden. Und warum ich in dem Moment meines größten Triumphes vor den Augen all der Leute Kokain konsumiert haben sollte, fragte sich auch niemand beim öffentlich-rechtlichen Rundfunk. Jeder Kokser macht dies diskret auf der Toilette.

Schon am nächsten Tag war der Informant des öffentlich-rechtlichen Zwangsbezahlfernsehens zweifelsfrei als frustriertes Mitglied meiner Partei identifiziert, dem eine Nominierung fürs Parlament verwehrt worden war. Als ich ihn später verklagte, verteidigte er sich mit einem psychiatrischen Gutachten, das seine Unzurechnungsfähigkeit bereits in einem früheren Fall belegt hatte. Der NDR hatte sich eines schizophrenen Zeugen bedient, um mir zu schaden. Am 12. Februar 2002 erwirkte ich eine einstweilige Verfügung gegen den NDR, die ihm seine Machenschaften unter Androhung der üblichen Strafen untersagte.

Am selben Tag flog ich im Privatjet meines reichen Parteifreundes zum aufwendigsten Friseurtermin meines Lebens. Im rechtsmedizinischen Institut von München wurde mir von Prof. Dr. Eisenmenger unter Aufsicht von zwei Notaren und in Anwesenheit zahlreicher Journalisten eine 16 Zentimeter lange Haarsträhne abgeschnitten. Da an meinen Haaren die Zukunft meiner Partei, die Zukunft der Hamburger Regierung und vielleicht sogar der Ausgang der Bundestagswahl hing, war bei der Auswahl des rechtsmedizinischen Instituts höchste Sorgfalt geboten. Das Hamburger Institut schied aus, da bei einem für mich günstigen Testergebnis unterstellt worden wäre, es handele sich um eine Gefälligkeit gegenüber dem Senat. Also habe ich mit der von den Professoren Sachs und Eisenmenger geleiteten Münchner Rechtsmedizin das renommierteste Institut Deutschlands ausgewählt.

Noch am selben Abend flog ich im Privatjet von München weiter nach Berlin, um in der Talkshow des ehemaligen *SPIEGEL*-Chefredakteurs Erich Böhme aufzutreten. Er warf mir vor, mein Versprechen, Hamburgs Kriminalität innerhalb von 100 Tagen zu halbieren, nicht gehalten zu haben. Launig gab ich ihm zur Antwort, ich hätte ja nicht gesagt, in welchen 100 Tagen ich dies bewerkstelligen wolle. Das Ergebnis war endlich mal wieder ungetrübte Heiterkeit. Wir schüttelten uns aus vor Lachen.

Als er mich fragte, wie ich mit dem Kokainverdacht weiter umzugehen gedenke, ließ ich die Zuschauer im Saal und am

Fernseher wissen, nach dem in einer Woche zu erwartenden Testergebnis seien die gegen mich erhobenen Vorwürfe »Schnee« von gestern.

Tags darauf rief mich der Redakteur einer großen Zeitung an und klang ganz verzweifelt. Er und seine Kollegen seien seit einer Stunde damit beschäftigt, ganze Stapel von Fotos von mir durchzuwühlen. Auf allen dieser Fotos seien meine Haare höchstens zehn Zentimeter lang. Wieso bitte habe man mir in München eine 16 Zentimeter lange Haarsträhne abschneiden können? Die Antwort lag in einer dunklen Vorahnung begründet, dass meine Feinde irgendwann versuchen könnten, mich auf unsaubere Art und Weise auszuschalten. Schon im Wahlkampf hatte ich die Sorge geäußert, man könne Drogen bei mir verstecken, die dann prompt von der Polizei gefunden würden. Der damalige Innensenator Scholz hatte mir daraufhin Verfolgungswahn vorgeworfen. Überdies hatte mir ein befreundeter Pressefotograf schon vor gut einem Jahr erzählt, bei privaten Treffen von Journalisten würde gerüchteweise über einen möglichen Drogenkonsum von mir gesprochen. Scherzhaft sei auch die Rede davon, mir damit irgendwann ein Bein zu stellen.

Die schon zu dieser Zeit für möglich gehaltene Notwendigkeit, mich irgendwann durch einen Haartest entlasten zu müssen, ließ mich meine Friseurin bitten, Vorsorge zu treffen. Sie schnitt eine im vorderen oberen Teil meines Kopfes beginnende Haarsträhne nicht mit ab, sondern integrierte sie unauffällig in das Haar auf der Kopfrückseite.

Da Haare pro Monat etwa einen Zentimeter wachsen, konnte ich mit einer 16 Zentimeter langen Haarsträhne beweisen, seit 16 Monaten kein Kokain konsumiert zu haben. Bei vier Zentimeter langen Haaren hätte ich diesen Beweis nur für vier Monate führen können.

Bereits am Tag nach dem Haartest sahen einige Medien in der Benutzung des Millionärsjets nach München eine strafbare Vorteilsannahme im Amt. Auch die Staatsanwaltschaft habe deshalb gegen mich schon Ermittlungen aufgenommen. Man meinte, mich mit der Frage löchern zu müssen, ob ich den Privatjet als Senator, als Parteichef oder als Privatmann genutzt hätte, weil dies auch steuerrechtlich von Bedeutung sei. Ich dachte mir: Mit Verlaub, liebe Leute, ihr könnt mich alle am Arsch lecken!

Eine Woche nach meinem kleinen Ausflug nach München sollte das Ergebnis vorliegen und im Hamburger Rathaus war deshalb für den 19. Februar um 13 Uhr bereits eine Pressekonferenz angesetzt. Gegen zehn Uhr rief ich aus meinem Dienstwagen meinen Staatsrat Wellinghausen an, um nach dem Eingang des Testergebnisses zu fragen. Er bestätigte mir den ordnungsgemäßen Zugang der Ergebnisse aus München und fügte ohne größere Erregung in der Stimme hinzu, im Testergebnis sei von sehr geringen Spuren von Kokain die Rede.

Ich fiel aus allen Wolken. Bis zu diesem Zeitpunkt hatte ich niemals Kokain genommen. Meine Drogen Tavor und Sex reichten mir völlig! Jetzt war ich erledigt. Alle würden sagen, ich sei genauso bescheuert wie der Fußballtrainer Daum, der trotz Kokainkonsums freiwillig einen Haartest gemacht hatte. Ich bat meinen Staatsrat, mit dem Institut in München Rücksprache zu halten und die Hintergründe des Zustandekommens des Testergebnisses aufzuklären.

Nach zehn Minuten rief er zurück und erzählte, das Institut habe den Test zehnmal so genau eingestellt wie üblich, um nicht nur einen regelmäßigen Konsum, sondern auch einen gelegentlichen Konsum ausschließen zu können. Das Risiko eines derart genauen Testverfahrens läge freilich darin, dass Zufallstreffer vorkämen, wie jetzt bei mir. Wenn ich mit geringsten Spuren von Kokain rein zufällig in Berührung gekommen sei, werde halt auch dies nachgewiesen. Ausreichend hierfür sei schon der Kontakt mit Anhaftungen etwa an der Hand eines Konsumenten oder an einem Geldschein. Gerollte Geldscheine werden gern benutzt, um sich das Kokain in die Nase zu ziehen.

Und genau dies sollte ich gleich in der Pressekonferenz zum Besten geben!? Sehr witzig! Das war viel zu kompliziert und würde mir voll als Schönrednerei eines verheerenden Ergebnisses ausgelegt. Für alles andere als ein klares negatives Testresultat würde ich gesteinigt. Also sollten die in München jetzt mal ganz schnell ihren Arsch bewegen und ein Ergebnis faxen, bei dem das übliche Testverfahren zugrunde gelegt sei. Dafür seien sie schließlich auch bezahlt worden und nicht für irgendwelche Experimente, die mich hier in Teufels Küche brächten.

Gerade noch rechtzeitig zur Pressekonferenz lag das korrekte Testergebnis auf dem Tisch. Ich war gerettet. Mit dem Hauptvorwurf des Kokainkonsums verschwanden auf wundersame Art und Weise auch alle anderen Anschuldigungen. Die gegen mich geführte Attacke war totgeritten. Entsprechend hatte ich auf der Pressekonferenz alle Beteiligten versöhnlich dazu aufgerufen, nun endlich zur Sacharbeit zurückzukehren.

Die *BUNTE* schrieb trotzig, Schill sei dann eben nicht drogen-, sondern sexsüchtig. Eine Nachbarin aus dem von mir bewohnten Mehrfamilienhaus habe sich über lautes Liebesgestöhn beschwert. Na gut. Damit konnte ich leben.

Es war meinen vereinigten Feinden aus Politik und Medien trotz allergrößter Bemühungen am Ende nicht gelungen, mich mit ihrer Kokainkampagne zur Strecke zu bringen. Das hatte einen einfachen Grund. Sie hatten mich auf einer Seite angegriffen, auf der ich nicht verwundbar war, und dazu noch mit einem Vorwurf, den ich dank moderner Technik zweifelsfrei entkräften konnte.

Mein letzter Trumpf im Ärmel war immer der Haartest. Ich konnte meine Gegner kommen lassen. Sobald ich diesen Trumpf zog, mussten ihre Angriffe zusammenbrechen wie ein Kartenhaus.

Dabei wäre es ganz einfach gewesen, zu recherchieren, ob ich nun Kokain konsumiere oder nicht. In meinem Stammlokal, der »Insel«, wussten alle Kokser und Nichtkokser unter den zahlreichen Stammgästen, dass ich Kokain in geselligen Runden immer dankend abgelehnt hatte. Ich hatte dabei nie etwas gegen Leute, die koksen. Schließlich war ich ja kein Spießer, der in privatem Kreis belehrend mit dem Zeigefinger daherkommt. Aber von mir wussten alle, dass ich die mit der Einnahme von Kokain verbundenen Erektionsstörungen auf gar keinen Fall in Kauf nehmen wollte. Immerhin war ich ja in der »Insel«, um eine Königin der Nacht zu beglücken. Außerdem hatte ich nie einen Hehl aus meiner Vorliebe für die Droge Tavor gemacht.

Mit dem verbissenen Festhalten an den gegenüber meiner Person erhobenen Kokainvorwürfen hatte sich insbesondere das ARD-Magazin *Panorama* derart lächerlich gemacht, dass sie noch über sechs Jahre später danach trachteten, sich zu rehabilitieren.

Als ich lange nach meiner politischen Zeit Kokain wirklich mal ausprobiert hatte und dies als Video bei YouTube zu sehen war, kamen sie im Jahre 2008 extra nach Rio de Janeiro, um mich zur Rede zu stellen. Da Kosten beim öffentlich-rechtlichen Zwangsbezahlfernsehen ja offenbar überhaupt keine Rolle spielen, filmten sie mit zwei großen Fernsehkameras gleichzeitig, wie ich auf der Straße meines Weges ging. Sie liefen hinter mir her wie hartnäckige Bettler und bedrängten mich mit sinnlosen Fragen. Da ich sie nicht beantwortet hatte, lauerten sie mir am nächsten Tag erneut auf. Nachbarn und Passanten hielten sie Fotos von mir unter die Nase und fragten sie aus.

Ihr dürres Machwerk boten sie ihren Zuschauern an zwei aufeinanderfolgenden Tagen zur Hauptsendezeit an. Einmal im norddeutschen Regionalfernsehen und danach deutschlandweit. Zusätzlich gab es Sendungen mit alten Haudegen von *Panorama*, die ihrer tiefen Befriedigung darüber Ausdruck verliehen, dass man mich nun nach so langer Zeit doch noch endlich überführt habe.

Mein im Video festgehaltener Kokainkonsum auf einem anderen Kontinent und zu viel späterer Zeit war ihnen Beweis genug, dass ich Kokain schon immer genommen haben musste. Und der Haartest muss dann eben getürkt gewesen sein. Die Menschen glauben halt immer das, was sie glauben wollen. Die Wahrheit wird so lange zurechtgebogen, bis sie ins eigene Weltbild passt. Die Beharrlichkeit und Skrupellosigkeit meiner Feinde war mir jedoch schon im Februar 2002 eine Warnung, dass sie es nach ihrem Misserfolg erneut versuchen würden. Immerhin hatte die *BUNTE* die neue Marschrichtung ja bereits vorgegeben: Wenn Schill nicht drogensüchtig ist, dann ist er eben sexsüchtig.

Auf dieser Seite war ich nun tatsächlich verwundbar, hatte ich doch zu guten Zeiten bis zu vier amouröse Premieren pro Woche. Meine Feinde brauchten mir nur eine einzige attraktive Frau zuzuspielen, die mich nach dem Sex wegen Vergewaltigung anzeigt. Auf diesem Feld gibt es keinen eindeutigen Entlastungsbeweis wie einen Haartest. Allein die belastende Aussage des angeblichen Opfers wiegt regelmäßig so schwer, dass ein sofortiger Rücktritt die unumgängliche Folge wäre. Selbst Untersuchungshaft wäre nicht ausgeschlossen, wie der spätere Fall des Wettermoderators Kachelmann zeigt.

50

Radikalisierung durch Kokain-Kampagne

Mehr als jemals zuvor hatte ich seit der Kokainkampagne das Gefühl, auf einem Schleudersitz Platz genommen zu haben. Das trug erheblich zu meiner politischen Radikalisierung bei. Seit den gewonnenen Wahlen hatte ich mich vergleichsweise moderat gegeben, um die Macht durch politische Husarenritte nicht gleich wieder aufs Spiel zu setzen. Ich hatte verkündet, die Zeit der Worte sei nun vorbei. Was folge, sei die Zeit der Taten.

Jetzt wusste ich, dass mir das Fressen von Kreide ein politisches Überleben ebenso wenig sichern würde wie politische Erfolge. Ich wusste, dass mich die Medien niemals so fair behandeln würden wie meinen neuen Freund Ole, über dessen nicht weniger lasterhaftes Privatleben mit keinem Wort jemals berichtet wurde. Ich schaltete innerlich um und suchte fortan meinen politischen Tod. An dem war ich dann wenigstens selbst schuld. Meine skandalöse Rede im Bundestag hätte ich ohne diese bittere Erfahrung nicht gehalten.

51

Indis Samenraub

Leider hatte mir meine bezaubernde Indi einen dunklen Fleck in ihrer Vita beichten müssen. Es handelte sich um eine kleine Bombe, die uns beiden um die Ohren fliegen würde, sobald wir als frisches Paar fotografiert oder gefilmt würden. Indi hatte während ihres Studiums in Berlin das unmoralische Angebot eines privaten Fernsehsenders angenommen, sich zu dem Samenraub zu äußern, dem Boris Becker angeblich in der Besenkammer eines Londoner Hotels zum Opfer gefallen war. Für 2.000 D-Mark hatte sie vor laufender Kamera fantasievoll ausgeschmückt, wie auch sie sich selbst zu Zeiten ihres Eisprungs auf die Jagd nach reichen oder prominenten Männern mache, um sich von ihnen schwängern zu lassen. Dank ihres Charmes und ihres schauspielerischen Talents war die Sache der Renner und schlummerte seitdem im Archiv des Senders.

Wenn Indi nun als First Lady in Erscheinung träte, würde man sich natürlich daran erinnern und titeln, Schill sei auf eine Samenräuberin hereingefallen. Ihre schauspielerische Leistung wäre wieder der Quotenhit. Dumm nur, dass sie inzwischen dabei war, in einer seriösen Werbeagentur Karriere zu machen. So bitter es war. Wir mussten uns trennen.

52

Treffen mit Namibias Präsidenten in Berlin

Die nun angebrochenen, etwas ruhigeren Zeiten gaben mir die Möglichkeit, liegen gebliebene politische Vorhaben voranzutreiben. Ganz oben auf meiner Agenda stand die Abschiebung von 2.600 rechtskräftig abgelehnten Asylbewerbern aus Afrika, deren Aufenthalt Hamburg jährlich über 30 Millionen Euro kostete. Eine Abschiebung in ihre Heimatländer war bisher daran gescheitert, dass sie bei ihrer Einreise ihre Pässe vernichtet hatten und das Land ihrer Herkunft verheimlichten. Bei der Einreise über den Frankfurter Flughafen versteckten sie sich regelmäßig gleich nach Verlassen des Flugzeugs in der erstbesten Toilette und harrten dort einige Stunden aus, damit nicht mehr rekonstruiert werden konnte, mit welcher Fluggesellschaft und aus welchem Land sie eingereist waren. Die Fetzen ihrer zerrissenen Pässe konnten sie in dieser Zeit in aller Ruhe hinunterspülen.

Bei der Abschiebung ging es mir im Übrigen darum, das Problem der Straßendealer zu entschärfen, die sich hauptsächlich aus dieser Personengruppe rekrutierten. Der einzige Ausweg bestand darin, ein afrikanisches Land zu finden, das sich gegen Zahlung entsprechender Entwicklungshilfe bereit erklärte, unsere abgelehnten Asylbewerber aus dieser Region auch ohne Pass und Herkunftsnachweis aufzunehmen.

In ab März 2002 geführten Verhandlungen mit den Konsuln der in Betracht kommenden Länder bot ich an, Hamburg werde 8.000 Euro je aufgenommener Person bezahlen, also gut 20 Millionen Euro für die 2.600. Ein paar Wochen später wurde mir von zwei Emissären signalisiert, dass die Zahlung in Form von Entwicklungshilfe nicht so interessant sei. Zur Überzeugungsbildung bei den Entscheidungsträgern der Länder seien Zahlungen auf bestimmte Schweizer Nummernkonten die bessere Alternative. Ausgaben in dieser Form waren für uns allerdings haushaltstechnisch problematisch.

Schließlich verhandelte ich in Berlin mit dem Präsidenten von Namibia höchstpersönlich. Meine Mission war heikel. Denn er war in Namibia gerade damit beschäftigt, weiße Farmer zu enteignen. Auch war er mir als leicht aufbrausend beschrieben worden. Ich hatte Sorge, er könnte mein Ansinnen als Beleidigung auffassen, was einen diplomatischen Eklat auf höchster Ebene zur Folge gehabt hätte. Zu meiner Überraschung behandelte er mich dagegen mit ausgesuchter Höflichkeit. Der Lebensstandard in seinem Land sei allerdings zu hoch, als dass er mein Angebot interessant finden könne. Namibia sei – anders als viele andere afrikanische Staaten – nicht darauf angewiesen, sich für so wenig Geld so viele problematische Personen ins Land zu holen. Ich konnte das verstehen und wir verabschiedeten uns herzlich.

Das Bundesinnenministerium ließ verlauten, meine Pläne offenbarten ein rassistisches Weltbild von Afrika. Das hatte der schwarze Präsident der ehemals deutschen Kolonie offensichtlich nicht so empfunden.

53

Sachsen-Anhalt

Für unseren Wahlkampf in Sachsen-Anhalt und die dort Mitte April angesetzten Wahlen wurde mein Statthalter, der fliegende Altenheimbesitzer, zunehmend zum Problem. Im Zusammenhang mit seinen geschäftlichen Aktivitäten verlangte er von diesem Land einen sehr hohen Millionenbetrag. Die in Sachsen-Anhalt regierende SPD hatte sich voll auf ihn eingeschossen und behauptete, er wolle Wirtschaftsminister des Landes werden, um als solcher das Geld an seine eigene Firma auszuzahlen.

Außerdem wühlten die Medien in seiner Vergangenheit und stießen auf einen Täuschungsversuch bei seinem juristischen Staatsexamen im Jahre 1984. Er soll per Zeitungsannonce gegen gute Bezahlung einen Juristen für die Anfertigung seiner Examensarbeit gesucht haben. Der Rechtsanwalt, der ihm daraufhin seine Dienste anbot, war dummerweise vom Justizprüfungsamt geschickt worden.

Trotz des von ihm in den Wahlkampf investierten Millionenbetrages scheiterte die Schill-Partei mit 4,5 Prozent knapp an der Fünf-Prozent-Klausel. Ein böses Omen für die Zukunft der

Partei. Es war eine Ironie des Schicksals, dass ich ausgerechnet jetzt ein weiteres Mal bei der renommierten Talkshowkönigin Sabine Christiansen eingeladen war. Mit dem späteren Bundespräsidenten Christian Wulff und dem späteren Außenminister Guido Westerwelle diskutierte ich in Berlin auf Augenhöhe über das Wahlergebnis in Sachsen-Anhalt. Am nächsten Tag verkündete ich in einer Pressekonferenz, dass die Schill-Partei nicht zur Bundestagswahl im September antreten werde.

54

Kanzlerkandidat wider Willen

Inzwischen hatten sich CDU und CSU gegen Angela Merkel und für Edmund Stoiber als ihren Kanzlerkandidaten entschieden. Da ich die Schill-Partei als CSU des Nordens bezeichnete, erschien es mir völlig widersinnig, jetzt gegen den CSU-Vorsitzenden anzutreten und ihm womöglich entscheidende Stimmen für seine Kanzlerschaft wegzunehmen. Ich hatte gegen ihn auch nicht die guten Argumente, die ich gegen Merkel gehabt hätte, da er mir durch seine konservative Politik den Wind aus den Segeln nahm. Außerdem fühlte ich mich gegenüber seinem Innenminister Günter Beckstein verpflichtet, der mich immer unterstützt hatte. Beckstein, mit dem mich eine Männerfreundschaft verband, sollte unter einem Kanzler Stoiber Bundesinnenminister werden.

Mein Problem bestand darin, dass von den 7.000 Mitgliedern der Schill-Partei nur gut 1.000 aus Hamburg kamen. Die anderen 6.000 fanden unsere, sich in Hamburg mittlerweile als erfolgreich abzeichnende, Politik zwar gut und schön. Aber sie waren meiner Partei natürlich beigetreten, um den gleichen Politikwechsel bei sich zu Hause herbeizuführen. Deshalb bestand die Mehrheit von ihnen auf einer Teilnahme der Schill-Partei an der Bundestagswahl im September.

Zu meinem Glück waren bei unserem Bundesparteitag im Mai nicht ausreichend Mitglieder nach Hamburg angereist, um das laut Satzung für eine Beschlussfähigkeit erforderliche Quorum zu erreichen. Beckstein hatte mich kurz zuvor extra angerufen und mich gebeten, alles zu tun, damit die Schill-Partei nicht antritt. Ich teilte seine Auffassung, dass unsere Teilnahme an der Wahl einen Politikwechsel in Deutschland zugunsten des konservativen Lagers extrem gefährden würde. Nach unserem enttäuschenden Wahlergebnis in Sachsen-Anhalt mussten wir damit rechnen, an der Fünf-Prozent-Hürde zu scheitern. Alle unsere Stimmen wären dann verloren und Rot-Grün könnte dank Schill weiterregieren.

Als Vorsitzender unseres Parteivorstandes versuchte ich daher, die nach der Satzung nun vorgesehene erneute Ansetzung eines Bundesparteitages zu verhindern oder zumindest so zu verzögern, dass es für die Bundestagswahl zu spät wäre. Zur Rechtfertigung müsste halt ein finanzieller Engpass vorgeschoben werden, der die Finanzierung eines weiteren Parteitages innerhalb so kurzer Zeit nicht zulasse.

Obwohl mein Vize Hackfluss selbst Gegner unserer Teilnahme an der Bundestagswahl war, durchkreuzte er meinen Plan, indem er hinter meinem Rücken eine Mehrheit im Vorstand dagegen mobilisierte. Er diffamierte meinen Plan als undemokratisch und sagte, so könne man mit unseren Mitgliedern nicht umgehen. Außerdem würde es uns sicher gemeinsam gelingen, unsere Mitglieder zu überzeugen, nicht anzutreten.

Am 24. Juni 2002 fand im großen Saal des Congress Center Hamburg eine Neuauflage des Bundesparteitags statt. Hackfluss ließ sich zum Präsidenten wählen und steuerte den Parteitag durch einen einfachen Trick so, dass alles auf eine Abstimmung zugunsten einer Teilnahme an der Bundestagswahl hinauslief. Er ließ alle Gegner zuerst zu Wort kommen und alle Befürworter danach. Naturgemäß waren bei der anschließenden Abstimmung in den Köpfen der Stimmberechtigten die Argumente der Gegner verblasst, während man sich an die Worte der Befürworter noch gut erinnern konnte. Schließlich gab es eine knappe Mehrheit für die Teilnahme der Schill-Partei an der Bundestagswahl.

Schon während der Redebeiträge war mir klar geworden, warum Hackfluss als Gegner einer Teilnahme alles dafür tat, dass der Parteitag sich dafür aussprach. Es ging ihm darum, einen Keil zwischen mich und die Parteimitglieder zu treiben. Er rechnete damit, dass ich als entschiedener Gegner meine Spitzenkandidatur verweigern würde. In diesem Moment würde er sich selbst die Spitzenkandidatur antragen und sich konsequenterweise auch gleich zum neuen Parteichef wählen lassen. Denn wer würde schon mit einem Parteichef Schill in die Bundestagswahl ziehen wollen, der einen diesbezüglichen Parteitagsbeschluss missachtet? Ich gönnte Hackfluss diesen Triumph nicht und stellte mich deshalb gleich nach der Abstimmung an die Spitze der Bewegung. Am Rednerpult erklärte ich unter dem frenetischen Jubel der aus ganz Deutschland angereisten Mitglieder, mein Verstand sei gegen eine Teilnahme an der Bundestagswahl gewesen, aber mein Herz schlage dafür. Die Begeisterung zeige, dass die Entscheidung anzutreten richtig sei. Ich nähme die Herausforderung an. Tags darauf titelten die Gazetten: »Basis zwingt Schill in die Wahlschlacht« und »Verdirbt Schill Stoiber die Wahl?«.

Klima exklusiv für Schill

Zu Beginn dieses Sommers fiel mir plötzlich auf, dass sich mein Senatorenbüro wegen der vielen Fenster erheblich aufheizte. Meine Sekretärin erklärte mir auf Nachfrage, dass einer meiner Vorgänger das Problem durch Ausziehen von Jackett und Oberhemd gelöst habe. An seinem Schreibtisch sei er dann im weißen Doppelripp-Unterhemd zu besichtigen gewesen. Ich machte ihr deutlich, dass ich meine Kleidung im Büro nur zu ganz besonderen Anlässen abzulegen bereit sei, und verlangte den sofortigen Einbau einer Klimaanlage.

Derselbe Amtschef, der schon wegen meines Waffenscheins herumgezickt hatte, erzählte mir nun, meine Forderung sei wegen Gleichbehandlungsgrundsatzes unerfüllbar. Schließlich hätte niemand meiner Mitarbeiter eine Klimaanlage. Selbst das gerade neu erbaute Polizeipräsidium verfüge über einen solchen Luxus nicht. Überdies stehe die Außenfassade unter Denkmalschutz.

Seine Worte erhitzten mich noch mehr. Es hatte einfach keinen Zweck mit diesem Kerl. Mein Staatsrat Wellinghausen musste helfen. Zwei Tage später war mein Büro angenehm kühl.

Sommergewitter

Ende Juli war ich zu Freunden nach Sylt gefahren, um vor der großen Wahlschlacht eine Woche unbeschwert Kräfte zu tanken. In der Zeitung las ich, wie einer meiner Abgeordneten, der gleichzeitig Vorsitzender des Gesundheitsausschusses des Parlaments war, das Sommerloch füllte. Er forderte, Ausländer zu internieren oder gleich auszuweisen, die an Aids, Hepatitis oder Tuberkulose erkrankt seien. Dies sei erforderlich, um die einheimische Bevölkerung zu schützen.

Aufgrund der nachrichtenarmen Zeit war die Sache der Renner und den Zeitungsleuten gelang es sogar, Ole einen Hauch der Empörung zu entlocken. Abgeordnete anderer Parteien meinten, der Mann sei mein Kettenhund und würde in Absprache mit mir gelegentlich Tabus brechen. Jetzt aber sei er zu weit gegangen und ich müsse meinen Urlaub unterbrechen, um für Ordnung zu sorgen. Ich dachte gar nicht daran und genoss meinen Urlaub weiter.

Am dritten Tag allerdings wäre mir beim Lesen der Gazette beinahe das Frühstücksbrötchen aus der Hand gefallen. Da stand schwarz auf weiß, dass ein anderer meiner lieben Parlamentsabgeordneten den angeblichen Kettenhund nun wegen Volksverhetzung anzeigen wolle. Letzterer habe sich Nazi-Vokabulars bedient. Womit hatte ich solche Leute bloß verdient? Nun musste ich bei diesem schönen Wetter tatsächlich nach Hamburg, um zwischen den Streithähnen zu schlichten.

57

Bücher über Schill

Am 25. August 2002 erschien ein neues Buch über meinen Aufstieg gerade noch rechtzeitig vor meinem Abstieg. Es trug den Titel *Der Rechtssprecher* und war von den linken Redakteuren

Marco Carini und Andreas Speit der Tageszeitung *taz* verfasst worden. Ohne meine Kooperation kamen sie in ihrem auf erfrischende Art geschriebenen Werk der Wahrheit erstaunlich nahe.

Zuvor hatte sich schon der Autor Holger Stürenburg in seinem Buch *Der Eisbrecher* mit meinem Wirken, Interna der Partei und der ausgelösten Aufbruchstimmung im Land beschäftigt. Daneben hatten die Autoren aus dem rechten Lager Dr. Carl Gustaf Ströhm und Joachim Siegerist unter dem Titel *Ronald Schill – Alles über ihn und seine Partei* zur Feder gegriffen.

58

Bundestagsrede

Da ich mich für die Bundestagswahl am 22. September 2002 meiner Partei nun einmal als Spitzenkandidat zur Verfügung gestellt hatte, betrachtete ich es als Ehrensache, jetzt auch einen guten Job zu machen. Schon zu Beginn der Mitte August anbrechenden heißen Wahlkampfphase zeigte sich, dass wir in den deutschen Medien kaum Erwähnung fanden. Das hatte einen einfachen Grund. Die der SPD, den Grünen und der PDS nahestehenden Medien hatten uns noch nie unterstützt. Die den Unionsparteien nahestehenden Medien wollten einen Kanzler Stoiber. Da sie uns keine realistische Chance einräumten, die Fünf-Prozent-Klausel zu überwinden, war jede Stimme für uns für Stoiber verloren und gefährdete den angestrebten Regierungswechsel.

Eine möglichst spektakuläre und skandalöse Rede im Bundestag war eine meiner ganz wenigen Chancen, um vor den Wahlen bundesweit aufzufallen und Wahlkampf zu machen.

Über Art und Inhalt meiner Rede könnten gern 80 Prozent der Deutschen empört die Nase rümpfen. Es musste darum gehen, den Rest der meinen Positionen zugeneigten Menschen aufzurütteln und zu mobilisieren. Viele dieser nicht ganz kleinen Minderheit waren bisher Nichtwähler. Viele wussten noch gar nicht, dass ich dabei war. Mein Auftritt im Bundestag war eine knallhart berechnete Provokation. Cholerisch wirkende Ausbrüche waren inszeniert. Ich wollte die deutschen Medien zwingen, endlich zu berichten.

Die Chance bot sich am 29. August 2002 anlässlich der sogenannten Flutopferdebatte. Die durch die vorangegangene Elbflut entstandenen Schäden in Höhe von acht Milliarden Euro mussten beglichen werden, wofür aber kein Geld zur Verfügung stand. Genau daran konnte ich anknüpfen, um die Geldverschwendung auf allen möglichen Gebieten anzuprangern.

Da ich als stellvertretender Ministerpräsident eines Bundeslandes Mitglied des Bundesrates war, musste ich gemäß Artikel 43 Absatz 2 des Grundgesetzes im Bundestag »jederzeit« gehört werden. Ich setzte mich also auf die im Bundestag für den Bundesrat vorgesehene Bank neben den Kanzlerkandidaten Edmund Stoiber und meldete meine Rede beim Bundestagspräsidenten Thierse an. Thierse schwante wohl Ungemach und er zog sich zugunsten seiner Vizepräsidentin Fuchs zurück.

Schon zu Beginn meiner Rede verließen linke PDS-Abgeordnete scharenweise aus Protest den Saal. Das kam mir gerade recht. Denn es war die perfekte Szene für den nun folgenden Frontalangriff auf Politiker schlechthin, der in den Worten gipfelte, Deutschland habe sicherlich die tüchtigsten Menschen, aber die unfähigsten Politiker. »Die tüchtigen Bürger unseres Landes klagen an …« war nun die gebetsmühlenartige Einleitung eines jeden meiner Kritikpunkte. Diese einhämmernde rhetorische

Variante habe ich mir bei Martin Luther King abgeschaut. Der schwarze US-Bürgerrechtler hatte in seiner legendärsten Rede alle seine Aussagen mit »I have a dream …« eingeleitet.

Als ich gerade meine Rede beenden wollte, fiel mir die Bundestagsvizepräsidentin Fuchs ins Wort, um mich auf das Ende meiner Redezeit hinzuweisen. Was für eine Steilvorlage! Meine Redezeit sei unbegrenzt, schleuderte ich ihr entgegen. Daraufhin schaltete sie mir das Mikrofon ab, wurde dann aber unsicher und schaltete es wieder ein, um mir ein Schlusswort zu gewähren. Ich erklärte, mein Schlusswort beträfe sie selbst. Sie war verwundert und hörte genau hin, als ich ihr unter Hinweis auf Artikel 43 Absatz 2 des Grundgesetzes vorwarf, die Verfassung mit Füßen zu treten. Was für ein herrliches Vergnügen!

Dank der tollpatschigen Intervention der Vizepräsidentin war mir die skandalöseste Rede gelungen, die je im Deutschen Bundestag gehalten wurde. Sie ist noch heute bei YouTube zu besichtigen. Das Medienecho war zwar erwartungsgemäß negativ. Aber es war so intensiv, umfassend und nachhaltig, dass niemand in Deutschland mehr behaupten konnte, er habe nichts von meiner »Kanzlerkandidatur« gewusst.

Mein Freund Ole erwies sich als Spielverderber und verhinderte, dass ich die Bundestagsvizepräsidentin wegen ihres Verfassungsbruches vor dem Bundesverfassungsgericht verklagen konnte. Diese Klage konnte ich nur als Mitglied des Bundesrates führen und Ole drohte mir für diesen Fall mit dem Entzug aller Ämter.

Kurzfristig blieb der Auftritt im Bundestag für mich ohne Folgen. Von der Opposition im Hamburger Parlament gestellte Abwahlanträge wurden abgeschmettert. Aber mein Vertrauensverhältnis zu Ole war zerstört. Er sollte von nun an nach Möglichkeiten suchen, die Koalition in Hamburg ohne meine Person fortzusetzen. Ein Jahr später erhielt er seine Chance.

Mein Bundestags-Wahlkampf

Meine Rede im Bundestag bildete den Auftakt zu insgesamt 40 Wahlkampfauftritten in ganz Deutschland binnen drei Wochen. Ich redete jeweils auf zentralen Marktplätzen großer Städte von einem Lkw-Anhänger aus.

Wie schon im Bundestag prangerte ich die Altparteien an, weil sie eine massenhafte Einwanderung in die Sozialkassen zugelassen hatten. Gern zitierte ich dazu populistische Sprüche der verantwortlichen Politiker, denen sie keine Taten hatten folgen lassen. So zum Beispiel den Slogan aus der CSU, Deutschland brauche Ausländer, die uns nützen, und nicht Ausländer, die uns ausnützen. Oder den Ausspruch des Bundeskanzlers Gerhard Schröder, wer hierherkomme, um Straftaten zu begehen, fliege raus und zwar schnell.

Letztlich brandmarkte ich in meinen etwa einstündigen Reden vieles von dem, was zehn Jahre später in Thilo Sarrazins Buch *Deutschland schafft sich ab* zu lesen war. Besonders heiß ging es bei der Veranstaltung in der Innenstadt von Dortmund her. Es waren etwa 1.400 Bürger gekommen, darunter 100 Störer. Die örtliche Polizei war mit nur elf Beamten vertreten. Plötzlich flogen Eier und Gemüse durch die Luft. Krawallmacher brüllten Parolen und versuchten, unsere Lautsprecherkabel zu zerschneiden. 15 von ihnen versuchten, die Bühne zu stürmen, auf der ich stand. Meine Personenschützer aus Hamburg mussten Pfefferspray einsetzen. Während ich weiterredete, schob sich ein Mann mit einem Kampfhund der Marke Pitbull durch die Menge nach vorn. Schließlich ließ er das Tier an einer meterlangen Leine auf die Bühne des Lkw-Anhängers laufen. Meine Personenschützer zogen ihre Pistolen und zielten auf den Pitbull, als er gefährlich nahe kam. Als sich die Lage weiter zuspitzte, brachten mich fünf Personenschützer zu meiner gepanzerten Limousine und wir brausten davon.

Der SPD-Innenminister von Nordrhein-Westfalen beklagte sich in den Medien darüber, dass meine Personenschützer ihre Pistolen gezogen hatten. Wörtlich sagte er: »Das ist hier nicht *High Noon*. Wir wollen keinen Wilden Westen!« Das war für mich natürlich eine Steilvorlage. Ich erklärte, meine Personenschützer seien gezwungen gewesen, ihre Pistolen einzusetzen, weil sich die Verantwortlichen seines Bundeslandes unfähig gezeigt hätten, eine Wahlveranstaltung angemessen zu schützen. Dieses Versagen sei typisch dafür, wie die Bürger dort den Gewalttätern schutzlos ausgeliefert würden.

Im eigentlich beschaulichen Neubrandenburg mussten wir uns unter dem massenhaften Ansturm von gewalttätigen Störern in ein hinter der Lkw-Bühne liegendes Gebäude zurückziehen, in dem wir in weiser Voraussicht schon unsere Autos geparkt hatten. Unsere Flucht scheiterte freilich daran, dass die Chaoten das Gebäude zu schnell umringt hatten und die rückwärtige Ausfahrt blockierten. Da sich die örtliche Polizei zur Auflösung der Blockade außerstande sah, mussten wir in dem Gebäude stundenlang ausharren.

Unsere Abschlussveranstaltung auf dem Berliner Alexanderplatz mit 1.500 Besuchern verlief wider Erwarten einigermaßen geordnet ab. Dank unserer starken Lautsprecheranlage konnten mich meine Fans trotz des Trillerpfeifenkonzerts der etwa 500 Störer gut verstehen. Letztere konnten von mehreren Hundert Berliner Polizisten in Schach gehalten werden.

Das Ergebnis der Wahl vom 22. September 2002 war für mich aus zwei Gründen eine Katastrophe. Erstens erhielt die Schill-

Partei mit knapp 400.000 Stimmen nur 0,8 Prozent. Zweitens scheiterte die Kanzlerschaft von Edmund Stoiber, weil ihm deutlich weniger als 100.000 Stimmen fehlten. Die Schill-Partei hatte also Rot-Grün und Gerhard Schröder die Macht gerettet.

Bambule

Anfang November 2002 ließ Hackfluss in seiner Eigenschaft als Bausenator ohne terminliche Abstimmung mit mir einen »Bambule« genannten Bauwagenplatz räumen. Noch zu Zeiten der rot-grünen Regierung hatten Autonome diesen Platz in der Nähe des Fleischgroßmarktes mit Bauwagen vollgestellt, in denen sie nun wohnten. Sie störten dort nicht besonders. Aber unserer bürgerlichen Klientel waren sie natürlich ein Dorn im Auge, weswegen unser Parteiprogramm eine Räumung vorsah. Diese Räumung hatte Hackfluss nun mal eben durchgezogen und die ganzen Bauwagen auf die andere Elbseite abschleppen lassen.

Dumm nur, dass diese Aktion die gesamte linke Szene mobilisierte. Monatelang wurde die Stadt durch gewalttätige Großdemonstrationen in Atem gehalten. Wegen des anbrechenden Weihnachtsgeschäftes war der Zeitraum äußerst ungünstig. Die linken Chaoten versuchten, Druck auszuüben, indem sie die Demonstrationen mit Tausenden aus ganz Deutschland angereisten Krawalltouristen an verkaufsoffenen Samstagen stattfinden ließen. Nach Ende der Demonstrationen fielen sie in die Kaufhäuser der Haupteinkaufsstraßen ein, um die Kunden zu vertreiben. Mit der Polizei lieferten sie sich ein Katz-und-Maus-

Spiel. Zusätzlich gab es nächtliche Krawalle nach jedem Heim-spiel des Fußballvereins FC St. Pauli.

Als ich am 23. November meinen Geburtstag auf Sylt fei-erte, konnte ich in der Zeitung lesen, dass sich am Vorabend 1.000 Demonstranten am Alsterufer versammelt hatten, um Senator Schills Wohnzimmer zu stürmen. So hatten sie meinen geliebten Nachtclub »Insel« getauft, der zu dieser Zeit offiziell »Wollenberg« hieß. Die Musikgruppe Fettes Brot und Bela B. widmeten mir mit ihrem Musiktitel *Schill to Hell* ihre feinste Housemusic.

Meine Polizei war völlig überlastet. Die Zahl der geleisteten Überstunden explodierte. Mittlerweile freuten sich sogar die Drogendealer über ein Nachlassen des Verfolgungsdruckes.

Da den Bauwagenleuten Ende Februar 2003 im Einverneh-men mit mir ein alternativer Platz angeboten wurde, verspot-teten mich die Zeitungen als Umfaller. Aber die Entscheidung entpuppte sich als taktische Meisterleistung. Als die Bambulis-ten unser Angebot ablehnten, verloren sie ihren Rückhalt in der linken Szene. Sowohl die Demonstrationen als auch Bambule gehörten der Vergangenheit an.

61

Moskauer Narkosegas

Beim vertraulichen Kamingespräch der Innenministerkonferenz in Bremen regte ich Anfang Dezember 2002 an, das kürzlich zur Geiselbefreiung in einem Moskauer Theater eingesetzte Nar-kosegas anzuschaffen. Zwar waren bei der Befreiungsaktion in Moskau 129 Menschen gestorben. Aber fast 1.000 konnten aus

138

der Gewalt der schwer bewaffneten und zu allem entschlossenen Terroristen unversehrt befreit werden. Wenn man die Forderungen der Terroristen nicht zu erfüllen bereit ist, muss nach Einschätzung von Sicherheitsfachleuten ein so hoher Anteil geretteter Geiseln als Erfolg betrachtet werden. Außerdem hätte man durch die rechtzeitige Verabreichung eines Gegenmittels weitere Menschen retten können. Ein derartiges Gegenmittel gelte es weiterzuentwickeln.

Da angesichts des erst ein Jahr zurückliegenden Anschlags auf das World Trade Center in New York die Terrorgefahr allseits als sehr bedrohlich empfunden wurde, hielt ich meinen Vorstoß für angemessen. Gute vorausschauende Politik zeichnet sich dadurch aus, dass man auf alles vorbereitet ist. Noch während meiner Heimfahrt nach Hamburg hatte ich einen *SPIEGEL*-Redakteur in der Leitung, der mich zu meinem Narkosegasvorschlag befragte. So heilig war meinen Ministerkollegen also die für das Kamingespräch gepriesene Verschwiegenheit. Aber es war nicht meine Art, in solchen Situationen den Schwanz einzuziehen.

Das Diffamierungspotenzial meines Vorschlags war gewaltig und wurde von Medien und Politikern genüsslich ausgeschöpft. Es folgten hysterische Parlamentsdebatten über meine ungeheuerlichen Gewaltfantasien. Und noch zwei Wochen später verkündeten Gazetten, die Welle der Empörung reiße nicht ab.

Einige Zeit später nahmen tschetschenische Terroristen im benachbarten Dagestan 500 Schulkinder als Geiseln. Diesmal setzten die Russen kein Narkosegas ein, sondern unternahmen einen Befreiungsversuch mit Schusswaffen. Fast alle 500 Kinder starben bei dieser Aktion. Erstaunlicherweise wurden die Russen hierfür viel weniger kritisiert als für ihre Befreiungsaktion mit dem Narkosegas.

Watergate bei Schill

Mitte Dezember 2002 titelten die Zeitungen, in meinem Senatorenbüro sei meine Terminreferentin als Spionin der SPD enttarnt worden. Brisante Personalpapiere seien von meinem Vorzimmer aus an die SPD-Parteizentrale gefaxt worden und zwar an das Gerät im Dienstzimmer des dortigen Pressesprechers.

Gegen die Terminreferentin wurde ein Strafverfahren wegen des Verrates von Dienstgeheimnissen eingeleitet; gegen den Pressesprecher der SPD ein Strafverfahren wegen Anstiftung dazu. Mein Staatsrat Wellinghausen lief zu seiner Höchstform auf. Anfang Februar 2003 gab es eine Razzia in der SPD-Zentrale. Staatsanwälte und Polizisten durchsuchten die Räumlichkeiten.

Mein Büroleiter ergriff Partei für die junge attraktive Kollegin. Er war der frisch verheirateten Dame offenbar sehr nahe gekommen und befand sich nun in der Zwickmühle.

Erschossener Einbrecher

Am Heiligabend befand ich mich wie im Jahr zuvor auf Tournee durch Hamburgs Polizeireviere. Gegen 20 Uhr erreichte mich plötzlich die Nachricht, dass ein Polizeibeamter einen Einbrecher erschossen hatte. Ich wies meinen Fahrer an, das betreffende Polizeirevier vorzuziehen, weil ich dem Beamten unverzüglich meinen Beistand und meine Unterstützung in der für ihn belastenden Situation zusichern wollte. In dem Gespräch riet ich ihm, keine Aussage zu machen, ohne sich vorher mit einem guten Rechtsanwalt beraten zu haben. Die Leitung der Behörde stehe hinter ihm und würde ihm bei der Bestellung eines Anwaltes auf Wunsch gern behilflich sein. Ich musste befürchten, später selbst als Zeuge zu dem jetzigen Gespräch befragt zu werden, also sprach ich mit ihm nicht über die Situation, in der er geschossen hatte.

Da auch in Fällen des Schusswaffengebrauchs durch Polizisten die Mordkommission zuständig ist, rief ich am nächsten Morgen dessen Leiter an, um mich nach dem Stand der Ermittlungen zu erkundigen. Der Ermittler erzählte mir, dass es sich bei dem Toten um einen vielfach vorbestraften Serieneinbrecher handele, der extra für Einbrüche aus Holland angereist sei. Obwohl der Schuss in den Rücken eingedrungen sei, könne wohl trotzdem von einer Notwehrsituation ausgegangen werden, zumindest von der irrtümlichen Annahme einer solchen.

Nun kann sich jeder vorstellen, wie sehr der Tod des Serieneinbrechers mein Herz mit tiefer Trauer erfüllte. Dennoch konnte ich nicht zulassen, dass sich bei meinen Polizisten der Eindruck verfestigte, bei jedem Schusswaffengebrauch gleich mit einem Bein im Gefängnis zu stehen. Für eine niedrigere Kriminalitätsrate brauchte ich keine zaudernden, sondern zupackende Polizisten. Also wies ich sofort den Pressesprecher der Polizei an, gegenüber den Medien von einer Notwehrsituation zu sprechen, um die Sache niedriger zu hängen. Er entgegnete, das sei aber unüblich. Solche Beurteilungen seien Sache der Staatsanwaltschaft. Ich hatte keine Lust, mich am Weihnachtstag mit unnützen Diskussionen aufzuhalten, und erteilte ihm einen Befehl. Jetzt verstand er mich.

Alle Aufforderung zur Suspendierung des Polizisten ließ ich in der Folgezeit zurückweisen. Von der Hamburger Justiz wurde der Polizist nun über zehn Jahre lang unerbittlich verfolgt. Zweimal wurde er von Hamburger Schwurgerichten verurteilt. Beide Male musste der Bundesgerichtshof eingreifen, um die ungerechten Urteile wieder aufzuheben.

Die unüberhörbare Botschaft lautete: In Bayern werden Einbrecher verfolgt. In Hamburg dagegen werden Polizisten verfolgt, die Einbrecher aus dem Verkehr ziehen. So etwas sprach sich bei Einbrechern und Polizisten schnell herum. In Hamburg wird heute achtmal so häufig in Wohnungen eingebrochen wie in München. Die Aufklärungsquote ist so verschwindend gering, dass die Anzeige eines Einbruches in Hamburg nur noch aus versicherungstechnischen Gründen sinnvoll erscheint.

Gregor Gysi

Der edelste Neujahrsempfang der Hansestadt findet jeweils in den ersten Tagen des Januar im feinen Hotel Jacob statt, das durch seine Lage am hohen Elbufer besticht. Reiche Reeder und Kaufleute, Politiker und Journalisten freuen sich, unter den etwa 1.000 geladenen Gästen zu sein. Als Redner waren diesmal im Jahr 2003 Gregor Gysi und mein Polizeipräsident geladen.

Ich hielt es für eine Geschmacklosigkeit, den immer noch Stasi-umwitterten (Ex-)Kommunisten Gysi vor den feinen Hanseaten das Wort zu erteilen und ihn damit salonfähig zu machen. Aber das war Sache des Veranstalters, dem Herausgeber eines Wochenblattes für die feinen Elbvororte.

Meine Sache war es, zu entscheiden, ob der Polizeipräsident Hamburgs nach Gysi redet und wenn ja, was er sagt. Eine durch die Rede meines Polizeipräsidenten bedingte zusätzliche Aufwertung Gysis konnte nur verhindert werden, wenn diese eine scharfe Attacke gegen ihn beinhalten würde. Ich bat also meinen Staatsrat, mit dem Polizeipräsidenten eine entsprechende Rede abzustimmen.

Da der Präsident mit unseren Vorgaben nicht einverstanden war, sagte er seinen Auftritt kurzfristig ab, sodass Gysi der einzige Redner war. Durch seine witzige, charmante Art heimste er sogar Applaus beim sonst eher reservierten hanseatischen Publikum ein. Gysi spielt eben perfekt auf der Klaviatur des Populismus. Sein Talent habe ich auch im Bundesrat kennengelernt, der neben dem Bundestag zweiten gesetzgebenden Kammer Deutschlands, der wir beide angehörten. Sowie sich eine Fernsehkamera etwa auf einen Bundesminister oder einen Ministerpräsidenten richtete, kam Gysi wieselflink herbeigeeilt, um dem Betreffenden medienwirksam die Hand zu schütteln. Wegen des Überraschungseffektes und der feinen Gepflogenheiten wies ihn niemand zurück.

Und die Aufnahmen wurden fast immer gesendet, weil das freundliche Zusammentreffen eines Kommunisten mit Ministerpräsidenten der CDU oder SPD natürlich interessant ist. Gysi profilierte sich auf Kosten des Images der Angegangenen. Die höchsten Repräsentanten der Republik ließen sich von ihm übertölpeln. Ein herrliches Schauspiel! Wir sind uns dabei immer aus dem Weg gegangen. Zusammengeführt hat uns Florian Hartleb in seiner Doktorarbeit *Rechts- und Linkspopulismus – Eine Fallstudie anhand von Schill-Partei und PDS*.

Eigentlich war mir Gysi durchaus sympathisch. Trotzdem hätte ich mir von ihm nie die Hand schütteln lassen, weil das viele meiner Anhänger vor den Kopf gestoßen hätte. Die Eltern einer ehemaligen Lebensabschnittsgefährtin hatten als Bürger der DDR Ausreiseanträge gestellt, als diese acht Jahre alt war. Das kleine Mädchen war von der Stasi in mehreren Verhören rücksichtslos unter Druck gesetzt worden, gegen ihre eigenen Eltern auszusagen. Man wollte von ihr die Bestätigung, dass diese sich negativ über die DDR geäußert hätten.

Wer so etwas erlebt hat, kann über Gregor Gysi nicht mehr lachen – ganz egal, ob er nun was mit der Stasi zu tun hatte oder nicht.

Randale in Göttingen

Da ich kein Frühaufsteher bin, hatte ich schon am Vorabend unseres Kleinen Parteitages in Göttingen mit meiner Entourage ein Hotel bezogen. Als ich am nächsten Morgen, den 26. Januar 2003, zusammen mit meinem Fahrer und meinen vier Personenschützern zum Veranstaltungsort, dem Ratskeller, fahren wollte, traute ich meinen Augen nicht. Auf dem Platz vor dem Hotel stand die Göttinger Polizei mit zwölf Fahrzeugen, um uns Geleitschutz zu geben. Vor unseren beiden BMW-Limousinen fuhren sechs Polizeiautos und die restlichen sechs folgten uns. So etwas hatte ich nicht einmal während des Bundestagswahlkampfes erlebt. Göttingen schien ein heißes Pflaster zu sein.

Auf dem Rathausmarkt wurden wir von Hunderten Demonstranten erwartet, die unsere Autos sogleich mit Steinen, Eiern und Farbbeuteln bewarfen. Die Polizei versuchte, unserem Fahrzeugkonvoi eine Gasse bis zum Eingang des Rathauses frei zu halten, war angesichts der herandrängenden Massen aber sichtlich überfordert. Plötzlich durchbrach ein halbes Dutzend Chaoten die Polizeibarriere. Einer warf sich vor meine Limousine und veranlasste meinen Fahrer zu bremsen. Der Rest stürzte sich auf unsere Motorhaube und machte Anstalten, die Windschutzscheibe zu zertrümmern.

Meine Personenschützer verließen nun unsere zweite Limousine und nahmen sich der Angreifer mittels ihrer asiatischen Schlagstöcke an. Sie vermochten die Stöcke über deren Mittelteil in Rotation zu versetzen, sodass eines der Enden mit ansehnlicher Geschwindigkeit auf die jeweiligen Schädel der Chaoten prallte. Nach diesen Denkanstößen gingen sie rasch zu Boden und hatten erst einmal nichts mehr zu beanstanden. Der Parteitag selbst gestaltete sich dagegen zäh und langweilig.

66

Kriminalitätsrückgang von 15,5 Prozent

Im Januar 2003 konnte ich verkünden, dass die Kriminalität in Hamburg während des zurückliegenden Jahres um 15,5 Prozent abgenommen hatte. Es war der niedrigste Stand seit acht Jahren. Der Rückgang war einzigartig in Deutschland. Nur München hatte ebenfalls einen Rückgang zu verzeichnen und zwar in Höhe von 4,1 Prozent. In allen anderen Großstädten war die Kriminalitätsrate gestiegen. Hamburg war schon nach einem Jahr meiner Regierungstätigkeit nicht mehr Hauptstadt des Verbrechens. Diese Tendenz setzte sich durch die von mir eingeleiteten Maßnahmen auch unter meinen Nachfolgern noch ein paar Jahre fort, bis die Kriminalität um insgesamt etwa 40 Prozent gesunken war.

Danach verkehrte sich der Trend durch eine erneut falsche Politik wieder ins Gegenteil. Inzwischen ist die Lage sogar noch schlimmer als zu meinem Amtsantritt im Jahre 2001.

Ehrenbürger Uwe Seeler

Da mich Freunde aus dem Fleischgroßmarkt auf die Idee gebracht hatten, Uwe Seeler zum Ehrenbürger der Stadt zu machen, unterbreitete ich den Vorschlag beim Senatsfrühstück, das immer dienstags vor der Senatssitzung stattfindet. Ole meinte dazu, Uwe Seeler sei für eine Ehrenbürgerschaft nicht intellek-

Uwe Seeler und ich

tuell genug. Ich erwiderte, die ehemaligen Ehrenbürger Adolf Hitler und Hermann Göring seien auch keine Akademiker gewesen. Ole fiel das Brötchen aus der Hand.

Aber es muss ihn irgendwie überzeugt haben. Kurze Zeit später wurde Uwe Seeler die Ehrenbürgerschaft angetragen. Der bescheidene Seeler aber wollte die Ehrung nicht annehmen, ohne dass zuvor auch Max Schmeling Ehrenbürger wird. Erst als Schmeling aus Gesundheitsgründen absagte, war Seeler dann einverstanden. Ein wahrer Sportsmann!

68

Bundesvorsitzender Hackfluss

Am 23. Februar 2003 übergab ich auf unserem Parteitag in Bremen das Amt des Bundesvorsitzenden an meinen bisherigen Vize Hackfluss. Genau genommen musste ich die Delegierten zwingen, ihn zu nehmen. Denn er war ja nicht gerade ein Sympathieträger. Ich selbst wurde Ehrenvorsitzender und blieb Landesvorsitzender von Hamburg. Nach unserer niederschmetternden Niederlage bei der Bundestagswahl und der damit verbundenen Folge, Rot-Grün die Macht gerettet zu haben, war mir die Lust an der Partei vergangen. Eigentlich war sie mir immer nur ein Werkzeug gewesen, um in Hamburg an die Macht zu kommen.

Außerdem standen 2003 Landtagswahlen in mehreren Bundesländern bevor, anlässlich derer ich als Bundesvorsitzender ständig hätte Präsenz zeigen müssen. Ich hatte es satt, in aussichtslose Schlachten zu ziehen. Letztlich hoffte ich, Hackfluss mit diesem Geschenk zufriedenzustellen. Aber es sollte sich zei-

147

gen, dass es ihm nicht genügte. Er trachtete danach, mich auch als Zweiter Bürgermeister zu beerben.

69

Von Party zu Party

Ich sehnte mich danach, endlich mal wieder nach meinem Geschmack zu feiern. Am besten in meinem Lieblingsswingerclub, dem »Beverly« in Solingen. Hier versammelten sich jedes Wochenende weit mehr als 100 attraktive Paare zum heißesten Sex der Republik. Und ich war schon seit zwei Jahren nicht mehr dabei gewesen. Am Samstag vor Rosenmontag würden dort im Ruhrgebiet sicher viele Leute maskiert sein, sodass ich selbst mit meiner Zorromaske nicht sonderlich auffallen würde. Ein idealer Abend!

Mein Polizeipräsident in reizvoller Begleitung – BILD, 2003

Dumm nur, dass ich zur selben Zeit am Ball der Polizeigewerkschaft im Hotel Atlantik teilnehmen musste. Es galt, das eine mit dem anderen zu verbinden. Um 22.30 Uhr verließ ich das Hotel Atlantik. Ich hatte schon zuvor meinen Platz immer mal wieder verlassen, damit mein jetziges Fehlen nicht auffiel. Mein Fahrer hatte meine Freundin Nicole von zu Hause abgeholt, die sich beim privatem Gruppensex im kleinen Kreis bereits bewährt hatte. Wir wechselten das Steuer und schon war ich mit Nicole auf der glücklicherweise fast freien Autobahn. Bis zu 250 km/h waren drin und deutlich vor ein Uhr stürzte ich mich in die gut 400 Kilometer entfernte zweite Party in dieser Nacht. Bedauerlicherweise war ich trotz des Karnevals der einzige Maskenträger. Ich wurde nicht erkannt. Und falls doch, war es den Leuten egal.

70

Schill gegen Kirche

Meine Koalitionspartner von der CDU hatten während der letzten Monate in aller Stille mit der Nordelbischen Kirche einen Staatskirchenvertrag ausgearbeitet. Ich erfuhr es im April 2003 gewissermaßen beiläufig dadurch, dass ich dem Vertrag im Senat nun meinen Segen geben sollte. Ich legte mein Veto ein, weil der deutsche Staat sich ohnehin schon viel zu sehr zum Büttel der christlichen Kirchen gemacht hatte.

So zieht der Staat nicht nur für die Kirchen die Kirchensteuer ein, sondern zahlt aus den ganz normalen Steuern jährlich rund 500 Millionen Euro als Gehalt an Bedienstete der Kirchen. Pastoren, Pfarrer, Bischöfe und Kardinäle werden aus der Staatskasse bezahlt. So eine enge finanzielle Verflechtung zwischen Staat und Religion ist weltweit einzigartig.

Nun sollten der »Freien« Stadt Hamburg in einem Staatskirchenvertrag weitere finanzielle Verpflichtungen auferlegt werden. Ich verkündete gegenüber den Medien: »Ein Hamburger kniet nicht vor der Kirche!« Mein Ausspruch bezog sich auf das große Wandgemälde im Festsaal des Hamburger Rathauses, auf dem ein Bischof ins Leere segnet. Vor dem Bischof hatte der Maler einen knienden Hamburger Bürger platziert. Als das Gemälde 1909 vorgestellt wurde, waren die Hamburger Ratsherren erbost und forderten vom Maler, den knienden Hamburger zu entfernen.

Mit meinem Veto machte ich mir in der Christlich Demokratischen Union keine Freunde. Der Finanzsenator forderte mich öffentlich auf, die Kirche mit Respekt zu behandeln. Er verkannte, dass deren Landesbischöfin auch mich nie mit Respekt behandelt hatte und meine Politik offen bekämpfte.

71

Harleys für die Polizei

Im Juli erhielt die Hamburger Polizei sieben Motorräder der Marke Harley Davidson für ein Jahr zur Probe. Die Maschinen waren bereits fertig als Polizeimotorräder ausgestattet und wurden uns für das Jahr kostenlos überlassen. Wir nutzten einfach die Rivalität zwischen Harley Davidson und BMW aus. Als BMW Motorräder an die amerikanische Polizei lieferte, ermöglichte Hamburg die Retourkutsche.

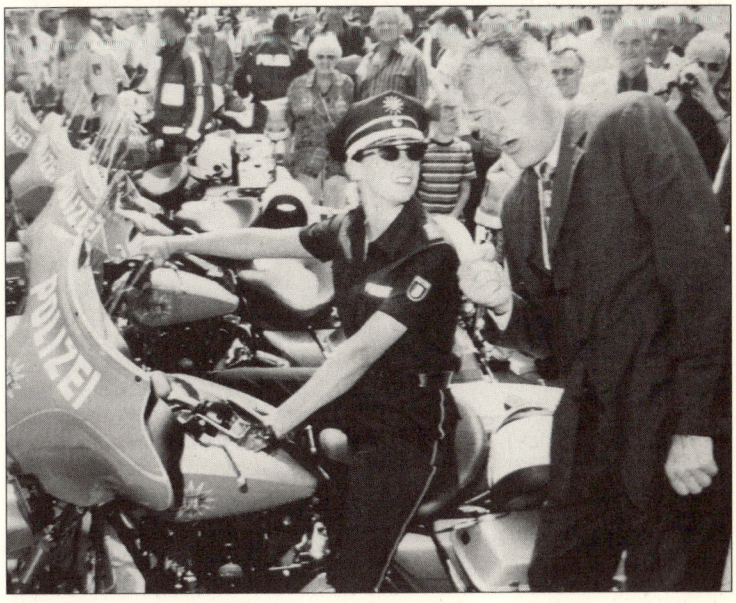

Harleys für die Polizei, 2003

Jeff Koons Gummienten

Die von mir eingeführten blauen Polizeiuniformen ließen Hackfluss voller Unruhe nach einem Denkmal für sich selbst Ausschau halten. Auf Staatskosten flog er mal eben nach New York, um den meiner Meinung nach Kitsch-Künstler Jeff Koons mit der Gestaltung eines Platzes auf St. Pauli zu betrauen. Natürlich musste alles riesig sein und Geld spielte keine Rolle.

Ich war völlig fassungslos, als ich hörte, dass die beiden zwei 100 Meter hohe Baukräne aufzustellen beabsichtigten, zwischen denen riesige bunte Gummienten aufgehängt werden sollten. Für so einen unglaublichen, millionenteuren Schwachsinn hatten mir nicht 160.000 Hamburger ihr Vertrauen geschenkt. Monatelang wurde in der Stadt darüber diskutiert.

Als Ende Juli in den Zeitungen stand, Schill hätte hinter den Kulissen massiv Stimmung gegen das »Koons-Gummi-Enten-Kran-Monument« gemacht, fragte mich Hackfluss, ob er bei seinem Projekt denn nun mit meiner Unterstützung rechnen könnte oder nicht. Als ich die Frage verneinte und schon einen seiner in solchen Situationen typischen Tobsuchtsanfälle erwartete, sagte er nur: »Dann eben nicht!« Es klang eher wie: »Du wirst schon sehen, was du davon hast …«

Feuer auf Wellinghausen

Am 20. Juni 2003 las ich in der Zeitung, meinem Staatsrat Walter Wellinghausen würden unerlaubte Nebentätigkeiten vorgeworfen. Er sollte noch nach Beginn seiner Tätigkeit als Staatsrat der Innenbehörde monatlich 4.600 Euro Honorar von einer Radiologenpraxis erhalten haben. Ich war verblüfft. Wellinghausen galt als fleißigster, tatkräftigster und erfolgreichster Staatsrat der gesamten Landesregierung. Sein Arbeitseifer war legendär. Wie konnte dieser Mann, der mir in meiner Behörde komplett den Rücken frei hielt, noch Zeit für zusätzliche Tätigkeiten aufbringen?

Kurz darauf folgte die nächste Attacke. Wellinghausen habe sich bei mir dafür eingesetzt, einen wegen Körperverletzung und Nebentätigkeiten aufgefallenen Polizisten nicht rauszuwerfen. Skandalös sei dies deshalb, weil Wellinghausen den Polizisten früher mal anwaltlich vertreten habe.

Am 18. Juli 2003 wurde dann berichtet, Wellinghausen sei bis Oktober 2002 – also noch zehn Monate nach Aufnahme seiner Staatsratstätigkeit – Vorstandsmitglied einer Münchner Klinik-Aktiengesellschaft gewesen. Noch im Juni 2002 sei der Jahresabschluss von ihm unterzeichnet worden.

Für mich waren die ganzen Vorwürfe ein Messer ohne Klinge, dem der Griff fehlt. Die Forderungen der Opposition, Wellinghausen zu entlassen, waren lächerlich und reines Sommertheater. Wer als erfolgreicher Mensch aus der Wirtschaft ein Regierungsamt übernimmt, muss seine zuvor für Firmen übernommenen Tätigkeiten doch zumindest zu einem geordneten Abschluss bringen. Anderenfalls macht er sich sogar schadensersatzpflichtig. Folglich ermunterte ich meinen Vertreter, jetzt erst mal seinen wohlverdienten vierwöchigen Jahresurlaub in den USA anzutreten.

Von Beusts Hinterhand

Jetzt – bereits einen Monat vor dem großen Eklat – geschah etwas Ungewöhnliches, was mich eigentlich hätte stutzig machen müssen. Mein Freund Ole erklärte sich gegenüber den Medien ohne Not für zuständig, im Fall Wellinghausen über dessen Schicksal zu entscheiden. Er erklärte dazu, ihm obliege mit seiner Senatskanzlei die Disziplinargewalt über alle Senatoren und Staatsräte. Das war zwar rein rechtlich zutreffend, widersprach aber praktisch den Gepflogenheiten in jeder Koalitionsregierung. Hier steht allein dem Koalitionspartner die Entscheidung darüber zu, wer in seinem Bereich ernannt oder entlassen wird.

Man stelle sich vor, Angela Merkel würde das ihr als Bundeskanzlerin zustehende Recht nutzen, einen Staatssekretär des SPD Koalitionspartners ohne Zustimmung der SPD zu entlassen. Die Koalition wäre sofort beendet.

Oles Verhalten zu diesem frühen Zeitpunkt war noch aus einem weiteren Grund außergewöhnlich. Es war niemals seine Art gewesen, Probleme an sich zu ziehen, die unterhalb seiner Ebene rumorten. Dazu war er wie ich viel zu faul und freizeitorientiert. Schon donnerstags ging's nach Sylt. Überdies ist fast jede Lösung eines Problems ein Kompromiss und enthält damit den Keim zu Unzufriedenheit und Kritik. Ole war deshalb bekannt dafür, Probleme eher nicht an sich heranzulassen bzw.

auszusitzen. So etwas lässt sich dazu noch gut als präsidialer Regierungsstil verkaufen. Einen Monat später sollte ich erfahren, warum er sich diesmal so anders verhielt.

Gleich am ersten Tag nach dem regulären Urlaubsende Wellinghausens, den 11. August 2003, war eine Sitzung des Innenausschusses im prächtigen Kaisersaal des Hamburger Rathauses anberaumt worden. Ich hatte mich kategorisch geweigert, meinen Staatsrat vorzeitig aus seinem Urlaub zurückzurufen, und nun warteten die Abgeordneten der Opposition ungeduldig darauf, ihn endlich zur Strecke zu bringen.

Die Sitzung dauerte neun Stunden bis um zwei Uhr nachts. Ich selbst übernahm seine Verteidigung. Nachdem er mich in meinen eigenen Strafprozessen immer hingebungsvoll und sogar kostenlos verteidigt hatte, hatte ich nun Gelegenheit, auch mal ihm beizustehen. Es war ein sehr befriedigendes Gefühl. In den Medien war am nächsten Tag von Rollentausch die Rede und davon, dass ich ihn bissig verteidigt hätte.

Da die meisten Politiker nicht an der Affäre selbst scheitern, sondern an ihrem Umgang damit, kam es jetzt darauf an, ihn vor voreiligen Aussagen zu bewahren. Nach der Sitzung würde man alles daransetzen, einzelne seiner Angaben zu widerlegen und ihn der Lüge zu überführen. Ich bat ihn also, Fragen nur nach meiner ausdrücklichen Zustimmung selbst zu beantworten. Sollten sich einzelne meiner für ihn abgegebenen Erklärungen später als unzutreffend erweisen, wäre das weniger schädlich. Schließlich hatte ich ihn ja nur verteidigt und Missverständnisse zwischen Verteidiger und Mandanten können schon mal vorkommen.

Im Kern erklärte ich, Wellinghausen habe zu Beginn seiner Staatsratstätigkeit überall ordnungsgemäß gekündigt. Aber er habe ja nicht sofort alles fallen lassen können. Er sei verpflichtet gewesen, für eine geregelte Übergabe zu sorgen. Die Zahlungen, die er 2002 erhalten habe, seien Vergütungen für die Geschäftsübergabe und Schlussgratifikationen für seine Arbeit gewesen. Uneinsichtigen Abgeordneten schleuderte ich entgegen, ihnen fehle offenbar jegliches Verständnis für wirtschaftliche Notwendigkeiten und Abläufe in Unternehmen. Sicher sei es für Lehrer und sonstige Beamte einfacher, ihre bisherige Tätigkeit abrupt zu beenden. Aber man sähe ja, wohin uns solche Leute in politischen Ämtern geführt hätten. Mehr erfahrene Leute aus der Wirtschaft würden Deutschland nach vorn bringen. Durch Kampagnen wie die gegen Wellinghausen würden solche Leistungsträger aber abgeschreckt.

Eine Woche später, am 18. August 2003, war Oles erster Arbeitstag. Er hatte mit dem Justizsenator einen zweiwöchigen Segeltörn in der kroatischen Inselwelt verbracht. Am Tag zuvor hatte ich mit dem Fraktionsvorsitzenden der FDP und dem Fraktionsvorsitzenden der Schill-Partei vereinbart, dass in Sachen Wellinghausen kurzfristig keine Entscheidungen getroffen werden sollen. Vielmehr waren alle damit einverstanden, dass die gegen ihn erhobenen Vorwürfe weiter gründlich zu untersuchen seien. Für den nächsten Tag, den 19. August, war ohnehin schon seit Langem eine Sitzung des Koalitionsausschusses geplant, wo man in Oles Anwesenheit alles würde besprechen können.

Ein halbes Jahr später wurde dann offiziell festgestellt, dass zwar ein Dienstvergehen vorgelegen habe. Dieses sei aber nicht einmal gravierend genug gewesen, um eine Kürzung von Wellinghausens Dienstbezügen zu rechtfertigen. Trotz alledem und ohne mit mir Rücksprache zu halten, bestellte Ole Wellinghausen gleich vormittags ins Rathaus und forderte ihn zum Rücktritt auf. Wellinghausen lehnte ab und informierte mich.

In dem anschließenden Telefongespräch mit Ole fragte ich ihn, wie lange er eigentlich nun Bürgermeister sei, morgen mal nicht mehr mitgerechnet. Ich drohte ihm offen damit, die Koalition zu beenden, falls er Wellinghausen entlasse. In seltsamer Gleichmütigkeit erwiderte er, dass er ihn trotzdem entlassen würde. Die Art seiner Antwort verriet mir, dass ihm meine Drohung keine Angst machte. Andererseits wusste ich, dass er Bürgermeister bleiben wollte, was nur mit dieser Koalition möglich war. Zweifelte er vielleicht an der Ernsthaftigkeit meiner Ankündigung, die Koalition beenden zu wollen? Wohl kaum! Er wusste, dass leere Drohungen nicht meine Art waren. Außerdem war ihm die Wichtigkeit Wellinghausens für den weiteren Erfolg meiner Politik sehr wohl bekannt. Es musste ihm klar sein, dass ich in dieser Sache nicht mit mir spaßen ließe. Und trotzdem hatte er mich sogar bewusst provoziert, indem er Wellinghausen zum Rücktritt aufforderte, ohne vorher mit mir zu sprechen.

Ole musste ein Ass im Ärmel haben. Denn er war sich sicher, Wellinghausen entlassen zu können, ohne selbst sein Amt zu verlieren. Und dies nicht etwa, weil ich die Koalition nicht beenden wollte, sondern weil ich sie nicht beenden konnte. Ole musste mit den Spitzenleuten meiner eigenen Partei einen Pakt geschlossen haben, die Koalition trotz Entlassung Wellinghausens und gegen meinen Willen fortzusetzen. Also Verrat! Und es ging bei der ganzen Geschichte auch gar nicht um Wellinghausen, sondern um mich! Man wollte mich schwächen, demontieren.

75

Auge um Auge

Meine zu diesem Zeitpunkt noch eher nebulöse Einschätzung der Lage konkretisierte sich drei Monate später, als mich ein CDU-Abgeordneter über die Hintergründe ins Bild setzte. Ole hatte wegen meiner Bundestagsrede ein Jahr zuvor den Entschluss gefasst, alles zu tun, um die erfolgreiche Koalition ohne mich fortzusetzen. Über den mit ihm befreundeten Staatsrat der Baubehörde hatte er dann vorsichtig bei Hackfluss, dem Senator der Baubehörde, anfragen lassen, ob dieser sich so etwas vorstellen könne. Hackfluss konnte sich das sehr gut vorstellen, sofern er als Lohn seines Verrates mein Amt des Zweiten Bürgermeisters erhalte. In der Folgezeit wartete man geduldig auf eine Gelegenheit, mich zu destabilisieren und schließlich ganz auszuschalten.

Noch am selben Abend besprach ich die Sache mit Freunden in meiner Stammkneipe und kündigte an, gegen Ole jetzt schweres Geschütz aufzufahren. Ich müsste ihn nun dort treffen, wo er empfindlich war. Im Gegensatz zu meinem eigenen Privatleben war das seine immer tabu gewesen. Das könnte sich jetzt ändern. Es war für mich die einzige Chance, meine erfolgreiche Politik für ein sicheres Hamburg ohne faule Kompromisse weiterzuführen.

Am nächsten Morgen drohte ich Ole in seinem Bürgermeisterbüro unter vier Augen, sein homosexuelles Verhältnis mit dem von ihm ernannten Justizsenator öffentlich zu machen, sobald er meinen Staatsrat entlasse. Er habe mit der Ernennung seines Liebhabers sein eigenes Amt missbraucht, säße also selbst im Glashaus, aus dem er jetzt mit Steinen werfe. Ich wusste, dass sowohl Ole als auch der Justizsenator schwul waren, dass der Justizsenator in Oles Wohnung wohnte, dass beide gerade aus einem gemeinsam verbrachten Segelurlaub zurückkamen und dass sie seit über zehn Jahren eng befreundet waren. Über den Rest gab es Gerüchte. Ole bestritt meinen Vorwurf und wir trennten uns im Zorn.

Anschließend rief er Angela Merkel an und beriet sich mit ihr. Zu dem Entschluss, auch mich zu entlassen, sagte Merkel wörtlich: »Das geht an die Ehre. Das musst du so machen!« Danach erstellte Ole meine Entlassungsurkunde.

Bei der gut eine Stunde später angesetzten Pressekonferenz teilte Ole die Entlassung von Wellinghausen und mir mit und berichtete aus unserem Vieraugengespräch. Ich selbst saß einige Plätze weiter neben ihm und legte danach meine eigene Version dar, die seine im Wesentlichen bestätigte. In seinem Buch *Mutproben* beschreibt Ole, wie ihn meine Einlassung damals gerettet habe:

Hätte Schill steif und fest behauptet, ich sei durchgedreht und würde diesen angeblichen Vorfall nur als Vorwand nehmen, um die Koalition vorzeitig aufzukündigen – wer weiß, wer mir dann noch geglaubt hätte. Es wäre sicherlich brenzlig geworden.

Jahre später erzählte Ole den Medien, wie ihm bei der Vorstellung, ich sei mit einer Pistole bewaffnet gewesen, noch immer der Angstschweiß ausbreche. Etwas uncool für jemanden, der sich von nun an als Drachentöter feiern lassen sollte. Aber er hatte die größte Mutprobe seines Lebens bestanden. Chapeau! Für mich war es die größte Niederlage. 2.000 Chaoten feierten noch am selben Abend meinen Rauswurf und lieferten sich Straßenschlachten mit 800 Polizisten. Das Medienecho war gewaltig und vernichtend zugleich. Wochenlang ließen sich die Gazetten der Republik über die Hamburger Schlammschlacht aus.

Sogar der amtierende Bundeskanzler Gerhard Schröder mischte sich ein: »Die Auseinandersetzung zwischen von Beust und Schill ist ein makaberes Schauspiel, das Hamburg nicht verdient hat.« Der spätere Bundesaußenminister Guido Westerwelle sprach von »Schills mafiösem Erpressungsversuch«. Angela Merkel teilte mit: »Ich stehe mit Ole von Beust in ständigem Kontakt. Er hat meine volle Unterstützung für die von ihm getroffenen Maßnahmen.« Sie war eben schon damals ganz Mutti.

Der Generalbundesanwalt leitete gegen mich ein Ermittlungsverfahren wegen versuchter Nötigung eines Verfassungsorgans ein. Es wurde allerdings bald wieder eingestellt, weil meiner Drohung die spezifisch staatsgefährdende Zwangswirkung gefehlt habe.

Die *Hamburger Morgenpost* widmete mir einen Nachruf und zählte auf, dass ich es in den vergangenen sieben Jahren 258 Mal auf die Seite eins dieser Zeitung geschafft hätte.

Am 27. August 2003 war in der Zeitung zu lesen, die Fraktionschefs von FDP und Schill-Partei beklagten sich darüber, dass Ole ihnen mit seiner im Alleingang getroffenen Entscheidung, Wellinghausen zu entlassen, in den Rücken gefallen sei. Sie hätten noch am Wochenende zuvor erklärt, dass die Vorwürfe gegen ihn gründlich untersucht würden.

Als ich in dieser Zeit das Autoradio einschaltete, begründete ein Psychologe gerade, warum mit meinem Selbstmord gerechnet werden müsse. Er zeigte Parallelen zu Jürgen Möllemann auf, der sich aus einem Flugzeug in den Tod gestürzt hatte. Auch das Landeskriminalamt hatte mir meine Pistole wegen angenommener Selbstmordgefahr sofort nach meinem Sturz abgenommen.

Die Leute verkannten, dass ich mich nie aus meiner politischen Tätigkeit definiert hatte.

Es widersprach aber meinem Gerechtigkeitsgefühl, dass in der Regierung nicht ein einziger Mensch saß, der ohne mich dorthin gelangt wäre. Das galt im Besonderen für die Verräter in meiner Partei, die sich als Lohn ihres Verrates nun meiner Ämter anheischig machen würden. Wenn ich in dieser Zeit unter etwas litt, dann darunter. Aber Rache ist ein Gericht, das kalt genossen werden sollte. Die Zeit bis dahin versüßte ich mir mit meiner wirklich großen Leidenschaft. Nur das Vergnügen der Sinne kann den Schmerz der Seele vertreiben.

Wirklich positiv berührte mich in dieser Zeit die Einladung des großen Verlegers Alexander Jahr nur zwei Tage nach meinem Sturz. Während sich ganz Hamburg von mir abwandte, wandte er sich mir zu, obwohl wir uns nie begegnet waren. Er stellte mir seinen privaten Hubschrauber zur Verfügung, um ihn in seinem Jagdrevier im schleswig-holsteinischen Wacken zu besuchen. Später flogen wir zu seinem Gut in Polen und verbrachten dort fast eine Woche.

76

Früchte des Verrats

Zur endgültigen Verwirklichung ihres Planes, die Koalition ohne mich fortzusetzen, hatten Ole und die Verräter in meiner Partei noch eine Hürde zu überwinden. Nachdem Ole kraft eigener Kompetenz Hackfluss bereits zum Zweiten Bürgermeister ernannt hatte, musste mein Nachfolger als Innensenator im Parlament in geheimer Abstimmung gewählt werden. Bei einem

Scheitern dieser Wahl wäre die Koalition zu Ende gewesen. Deshalb richtete sich das geballte Interesse der Republik jetzt auf diese Anfang September stattfindende Parlamentssitzung. Viele glaubten, ich hätte noch einen Trumpf auf der Hand, mit dem ich Ole letztlich doch noch alles verderben würde.

Ich hatte nach meinem Rauswurf das mir zustehende Abgeordnetenmandat wieder aufgenommen und benötigte tatsächlich lediglich die Stimmen drei weiterer Abgeordneter der Schill-Fraktion, um die Wahl des neuen Innensenators zu verhindern und Ole zu entmachten. Bei vier Nein-Stimmen aus dem Regierungslager zusätzlich zu den Nein-Stimmen der Opposition würde eine Mehrheit fehlen, was im Übrigen auch für alle zukünftigen Vorhaben und Gesetze galt.

Alle kannten dieses Zahlenspiel und das mediale Interesse richtete sich auf die mir verbliebenen Anhänger. Tatsächlich stand von den 24 Abgeordneten der Schill-Fraktion noch etwa ein Drittel zu mir. Aber niemand von ihnen wäre jetzt oder später bereit gewesen, mit mir die Koalition zu sprengen und damit auf den eigenen lieb gewonnenen Parlamentssitz zu verzichten. Also machte ich gute Miene zum bösen Spiel und setzte mich kurz nach Beginn der Sitzung unter gigantischem Blitzlichtgewitter auf den mir in der letzten Reihe des Saals zugewiesenen Platz. Ole, der inzwischen verkündet hatte, sich nie wieder mit mir an einen Tisch setzen zu wollen, schaute dem Spektakel von seiner Regierungsbank aus einer Entfernung von etwa 20 Metern zu.

Neben ihm thronte jetzt Hackfluss. Ihn hatte ich zu dieser Zeit noch nicht als Hauptdrahtzieher meines Sturzes in Verdacht. In einer Geste hündischer Ergebenheit hatte er mir gleich danach mit Tränen in den Augen sein tiefes Bedauern und seine Treue versichert. Ich glaubte vielmehr, mein jetzt als Innensenator zu wählender Büroleiter sei der Hauptverräter, da er sich schon kurz vor meinem Sturz offen gegen mich gestellt hatte.

Der Fraktionsvorsitzende der SPD rief der um meinen Hinterbänklerplatz versammelten Medienschar nach einiger Zeit spöttisch zu, sie sollten auch mal den Bürgermeister fotografieren. Schließlich wurde mein Büroleiter in geheimer Abstimmung zum neuen Innensenator gewählt. Er hatte sogar eine Stimme von der Opposition erhalten, sodass nun alle glaubten, sogar ich hätte ihn gewählt. Gut so! Sie sollten sich sicher fühlen.

77

Amouröser Ausgleich

Obwohl ich nun Abgeordneter war, sah ich davon ab, mich in die Niederungen der Fraktionsarbeit zu begeben. Meine Energie benötigte ich jetzt für meine nächtlichen amourösen Abenteuer.

Erweiterte Bürgersprechstunde in meinem »Wohnzimmer« – BILD Hamburg, 29.9.2003

Die Zeitungen schrieben in reich bebilderten Artikeln, statt politischer Probleme würde ich jetzt ganz andere Sachen anpacken: Na ja, ob blond, ob braun – ich liebe halt alle Frauen. In Hamburgs Nobeldisco »Wollenberg« hätte ich erst mit einer Glattblonden, dann mit einer Brünetten und zwischendurch noch mit einer Krausblonden geflirtet und getanzt. Das Rennen habe am Ende die Brünette gemacht, der ich so zärtlich den Po getätschelt hätte.

Bei meinen Parteifreunden zeigten sich erste Absetzbewegungen. Sie verkündeten ihre Absicht, sich nicht mehr Schill-Partei, sondern künftig »RO« (Rechtsstaatliche Offensive) nennen zu wollen. Dazu befragt, erklärte ich, ich fände es nett, dass die jetzt die ersten beiden Buchstaben meines Vornamens als Partei-Kürzel nehmen wollten. Meine Antwort wurde prompt als Spruch der Woche prämiert.

Nach einigen Jahren war es zwischen meiner einstigen Traumfrau Jackie und mir wieder zu Sex gekommen. Wir waren

BILD Hamburg, 20.10.2003

uns zufällig begegnet und hatten uns zum Tennis verabredet, wonach sie mich gebeten hatte, sie zu massieren. Dies war der Versuchung zu viel gewesen. Es war wie eine Explosion. »Mein Verstand will nicht, aber mein Körper schreit nach dir«, rief sie aus und brachte damit unserer beider Gefühle auf den Punkt. Kokain? Lächerlich! Meine Sucht hieß Jackie. Und ich war soeben wieder rückfällig geworden.

Bundesparteitag in Düsseldorf

Am 1. und 2. November 2003 fand ein Bundesparteitag in Düsseldorf statt. Im Vorgespräch des Bundesvorstandes wurde erneut eine Änderung des Parteinamens angeregt. Der dagegen erhobene Einwand, »Schill-Partei« sei als Marke zu gut eingeführt, als dass man darauf verzichten sollte, wurde abgeschmettert mit dem Argument, »Contergan« sei als Marke ebenfalls gut eingeführt gewesen. In diesem Gremium hatte ich offenbar wenig Freunde.

Das war anders auf dem Parteitag selbst, auf dem mir die aus ganz Deutschland angereisten Delegierten einen herzlichen Empfang bereiteten. Am 3. November titelten die Zeitungen: »Sie feierten Schill wie den Messias« und »Die Auferstehung«. Fotos in allen Gazetten zeigten einen Zweiten Bürgermeister Hackfluss, wie er mich auf der Bühne mit Gesten der Unterwürfigkeit hofierte. Hackfluss griff Ole sogar scharf an, indem er dessen Krisenmanagement bei der Entlassung Wellinghausens als »unter aller Sau« bezeichnete. Er hatte erkannt, dass er als Bundesvorsitzender hinweggefegt würde, sobald sich zu mir auch nur die kleinsten Differenzen zeigen würden. Bei Ole in Hamburg läuteten jetzt die Alarmglocken. Die ruhige Zeit sollte dort bald vorbei sein.

Anruf in Thailand

Die beim Bundesparteitag gewonnenen Eindrücke hatten bei Hackfluss die Überzeugung verstärkt, dass eine Zukunft der Partei ohne Schill nicht vorstellbar sei. Deshalb setzte er sich gegen den Widerstand der Fraktion dafür ein, dass ich beim Landesparteitag in Hamburg am 30. November erneut zum Landesvorsitzenden gewählt würde.

Die Organisatoren des Parteitags ließen sich von mir aus meinem Urlaubsort Thailand sogar die Bedingung diktieren, dass der vermeintlich verräterische Innensenator dem Vorstand nicht angehören dürfe. Zähneknirschend sagte er zu, auf eine Kandidatur verzichten zu wollen.

Jetzt erreichte mich in Thailand der Anruf des CDU-Abgeordneten, mit dem ich als Innensenator vertrauensvoll zusammengearbeitet hatte. Ich erfuhr, dass es Hackfluss war, der zusammen mit Ole meinen Sturz von langer Hand vorbereitet hatte. Die Affäre um Wellinghausens Nebentätigkeiten sei nur benutzt worden, um gegen mich vorzugehen. Die detaillierten Informationen über Wellinghausens Vorstandstätigkeit für die Münchener Klinik-Aktiengesellschaft seien über Kanäle der CSU geflossen, die mit mir wegen der versauten Kanzlerschaft Stoibers noch eine Rechnung offen gehabt habe. Der jetzige Innensenator sei in die langfristige Planung meines Sturzes nicht eingebunden gewesen. Er sei kurz zuvor aber informiert worden und habe sich bereit erklärt mitzumachen.

Während ich auf dem Motorrad durch Thailand fuhr, schmiedete ich in aller Ruhe meine Pläne für die große Abrechnung. Immer wenn mir während der Fahrt ein Gedanke kam, hielt ich an und notierte ihn auf einer meiner thailändischen Banknoten. Nach einiger Zeit hatte ich alle meine Geldscheine vollgeschrieben. Eine thailändische Gespielin erzählte mir, dafür könnte ich ins Gefängnis kommen, weil auf den Banknoten der König abgebildet sei.

Landesparteitag in Hamburg

Vor dem Parteitag am 30. November warteten natürlich alle angespannt darauf, wie ich mich als für die Wahl nominierter Landesvorsitzender nun verhalten würde. Würde ich die Gelegenheit zur Abrechnung nutzen oder moderate Töne anschlagen? Insbesondere Hackfluss suchte den persönlichen Kontakt zu mir, um meine Pläne besser einschätzen zu können. Am Vorabend empfing ich ihn in meiner Wohnung und konnte ihn beruhigen.

Schon während meiner Eröffnungsrede am nächsten Morgen konnte ich aus dem Augenwinkel beobachten, wie sich seine Gesichtszüge entspannten und tiefe Zufriedenheit von ihm Besitz ergriff. Natürlich hatte ich meine Rede ganz moderat gestaltet und auf Angriffe gegen Ole oder Verräter in meiner eigenen Partei verzichtet. Schließlich wollte ich ja gewählt werden. In einem Anflug von Begeisterung über seine eigene taktische Finesse, die nun Früchte zu tragen schien, holte Hackfluss sogar den Innensenator zum gemeinsamen Händedruck auf die Bühne.

Mein Wahlergebnis fiel mit nur 74 Prozent eher mager aus. Und auch im Übrigen war keine Spur von der Begeisterung, die mir noch in Düsseldorf entgegenschlug. Überdies wurden nun diverse meiner Gegner in den Vorstand gewählt, die mich offenbar kontrollieren sollten.

Zertrümmerung des Senats

Meine neu gewonnene Macht würde Ole schon einen Tag später zu spüren bekommen. Immerhin warteten alle Medien begierig darauf, was ich jetzt zu sagen hätte. Ole selbst hatte mehrfach erklärt, sich nie wieder mit mir an einen Tisch zu setzen. Mit diesem Versprechen konnte ich ihn jetzt vor mir hertreiben.

Nach diversen in den Zeitungen gerittenen Attacken auf Spitzenleute der CDU und meiner eigenen Partei lud mich ein privater Fernsehsender zu einem großen Interview ein und gewährte mir eine volle Stunde seiner besten Sendezeit am Abend. Alles live, ohne nachträgliche Schneidemöglichkeit.

Unter anderem führte ich aus, Ole beschädige sich selbst, wenn er sich nicht gesprächsbereit zeige mit seinem wichtigsten Koalitionspartner. Dadurch offenbare er, dass ihm die Stadt als Erster Bürgermeister nicht wirklich am Herzen liege. Aber die CDU habe ja die Möglichkeit, Ole durch andere fähige von mir namentlich vorgeschlagene Persönlichkeiten zu ersetzen. So groß sei Oles Rückhalt in der eigenen Fraktion ja nicht, da er niemanden aus diesem Kreise für geeignet gehalten habe, der

Regierung als Senator oder auch nur Staatsrat anzugehören. Dem gegenüber sei er nicht einmal davor zurückgeschreckt, gleich zwei Leute aus der oppositionellen SPD zu Staatsräten zu machen, die jetzt durch Illoyalität auffielen.

Am nächsten Tag titelten Zeitungen: »Immer wieder Giftpfeile und Attacken von Schill«. Auf die Frage, wie lange er das noch aushalte, antwortete er, wenn er es nicht mehr aushielte, würde er schreien. Andere schrieben: »Schill zertrümmert den Senat«.

Ole in seiner Not forderte nun Hackfluss auf, mich von weiteren Angriffen abzuhalten. Und der durchtriebene Hackfluss hatte für die jetzt eingetretene kritische Situation tatsächlich Vorsorge getroffen. Er hatte vom Bundesparteitag in Düsseldorf eine von ihm eingebaute Satzungsänderung absegnen lassen, die

Am Abend nach meiner Absetzung als Landesvorsitzender – BILD

es dem Bundesvorstand erlaubte, einen gewählten Landesvorsitzenden abzusetzen.

Ich selbst hatte davon nichts mitbekommen, da ich die Nächte des Parteitages mit meinen weiblichen Anhängern in meinem Lieblingsswingerclub »Beverly« im benachbarten Solingen verbracht hatte.

Bereits eine Woche nach meiner Wahl, am 6. Dezember, wurde ich bei einer in Berlin einberufenen Sitzung des Bundesvorstandes wieder abgesetzt. Zu meiner Unterstützung waren drei Mitglieder unserer Fraktion extra aus Hamburg angereist und saßen bei meinem anschließenden Pressegespräch neben mir.

Ich erklärte, Hackfluss sei nach diesem Verrat politisch tot. Der Redakteur fragte, ob Ole auch politisch tot sei. Ich antwortete, dies würde ich noch entscheiden. Er fragte erstaunt nach. Ich erwiderte mit Blick auf die drei Mitglieder der Fraktion, er wüsste doch, dass ich das entscheiden könne.

Genauso war das Gespräch am übernächsten Tag, dem 8. Dezember, in der größten deutschen Zeitung abgedruckt. Augenscheinlich hatte ich die drei Stimmen, die ich für den Sturz der Regierung benötigte. Aber es war ein Bluff! Keiner dieser treuen Anhänger war so treu, für mich auf sein warmes Plätzchen im Parlament zu verzichten.

Nach meiner Rückkehr nach Hamburg hatte ich noch am selben Abend ein Rendezvous bei meinem Lieblingsitaliener mit einer bezaubernden Brünetten. Sie war 34 Jahre alt und von Beruf Diplompsychologin. Pressefotografen schossen heimlich ganze Bilderserien von uns Verliebten und verfolgten uns bis vor meine Haustür. »Mit dieser Frau feierte Schill seinen Rauswurf« stand später über dem Machwerk. In derselben Ausgabe der Zeitung war der Fraktionschef der SPD mit folgenden Worten zitiert:

Schill hat den Bürgermeister, den Senat und die Stadt in Geisel-
haft genommen. Ole von Beust hat nicht nur sich selbst, sondern
die ganze Stadt einem politischen Erpresser ausgeliefert. Jetzt
hängt der Bürgermeister an einem seidenen Faden und Schill
zieht nach Belieben daran – vielleicht schneidet er ihn morgen
oder übermorgen einfach durch.

Für den Nachmittag dieses 8. Dezembers war eine reguläre Sitzung des Landesvorstandes in unserer Parteizentrale vorgesehen. Ich lud für eine halbe Stunde vor Beginn der Sitzung zur
Pressekonferenz ein. Vor mehr als 100 Zeitungsleuten und diversen Fernsehteams erklärte ich die Entscheidung des Bundesvorstandes für nichtig, da sie die demokratische Entscheidung
des Landesparteitages missachte. Dies sei ein eklatanter Verstoß
gegen das Parteiengesetz und Verfassungsgrundsätze.
Die Entscheidung des Bundesvorstandes sei daher etwa so
bedeutend, als wenn mein Friseur mich abgesetzt hätte. Es sei
fraglich, ob dem Haushalt eines Senator Hackfluss, der sich der-
artiger Rechtsverletzungen schuldig mache, überhaupt noch die
Stimme gegeben werden könne.
Als anschließend die Vorstandsmitglieder im Sitzungssaal
erschienen, nahm ich demonstrativ den Vorsitz ein. Die Vorstandsmitglieder, von denen mehrere auch dem Parlament angehörten, murrten zwar, aber ließen es geschehen. Dieser Vorgang
wurde von den Journalisten und einem von Ole geschickten
Spion genau registriert.
Am nächsten Tag, dem 9. Dezember 2003, gab Ole auf und
erklärte die Koalition für beendet. Zu diesem Zeitpunkt wurden ihm keine Chancen eingeräumt, nach den – nun für Ende
Februar 2004 angesetzten – Neuwahlen weiter an der Macht zu
bleiben. Gewaltige Vorhaben, wie die unmittelbar bevorstehende

Veräußerung aller Hamburger Krankenhäuser an einen privaten Träger, mussten gestoppt werden.

Aber es war nicht allein mein destruktives Werk, wie es jetzt den Anschein hatte. Ole hatte mit dem gegen mich geschmiedeten Komplott die Axt an unser gemeinsames Werk gelegt. Er hatte nicht allen Ernstes davon ausgehen können, dass dies ohne Folgen bleiben würde.

Neuwahlen mit neuer Partei

Am 12. Dezember 2003 wurde ich aus der Fraktion der Schill-Partei ausgeschlossen. Am 16. Dezember beschloss der von Hackfluss geleitete Bundesvorstand meinen Ausschluss aus der Schill-Partei selbst. Ich war nun parteilos.

Am 18. Dezember gründete ich zusammen mit fünf Abgeordneten meiner ehemaligen Fraktion die sogenannte »Ronald-Schill-Fraktion«. Sie waren jetzt bereit gewesen, die alte Fraktion mit mir zu verlassen, weil sich die Legislaturperiode wegen Oles Entscheidung ja nun ohnehin dem Ende zuneigte. Überdies hielten diese treuen Weggefährten einen Wahlkampf an meiner Seite für aussichtsreicher, um danach erneut ins Parlament einzuziehen.

Die Zeitungen sprachen vom »Doppelten Schillchen«, da nun zwei Schill-Fraktionen im Parlament saßen. Auf anderen Titelblättern fand sich die Überschrift »Die Rückkehr des Polit-Chaoten«. Viele regten sich darüber auf, dass unsere neue Fraktion für die Zeit bis zur Wahl am 29. Februar 2004 nun 200.000 Euro kosten würde. Mein Problem bestand nun darin, dass ich für meine Teilnahme an den Neuwahlen eine Partei benötigte. Zwar stand die große Mehrheit der Mitglieder meiner alten Partei in Deutschland noch immer hinter mir und würde bei einem Bundesparteitag den verräterischen Bundesvorstand um Hackfluss hinwegfegen. Aber Hackfluss weigerte sich natürlich, einen solchen Bundesparteitag rechtzeitig vor den Wahlen einzuberufen. Damit war mir der Weg zu meiner alten Partei versperrt. Ich brauchte jetzt ganz schnell eine neue Partei.

In dieser Situation hörte ich, dass der Multimillionär und Chef der Pro-DM-Partei Bolko Hoffmann an einer Zusammenarbeit interessiert sei. Mein einstiger Gegner aus Düsseldorf, mit dem ich mich wiederholt vor Gericht bekriegt hatte, wollte mit seiner Partei immer noch in ein Landesparlament, um dies als Sprungbrett für den Bundestag zu nutzen.

Am 4. Januar 2004 trat ich mit meinen Getreuen seiner Pro-DM-Partei bei und wir gründeten den Landesverband Hamburg mit dem Namen »Pro DM / Schill«. Ich selbst wurde Landesvorsitzender und meine Getreuen wurden zusammen mit seinen Getreuen auf die Liste für das Landesparlament gewählt.

Mein neuer Freund Bolko sagte zu, meinen Wahlkampf in Hamburg mit mindestens 500.000 Euro zu unterstützen. Im Übrigen wolle er sich heraushalten, da Hamburg ihn nun wirklich nicht interessiere.

Das Werben um das erneute Vertrauen meiner Wähler von vor zwei Jahren verstärkte ich durch die pathetische Ankündigung, im Falle des Scheiterns an der Fünf-Prozent-Hürde Deutschland für immer zu verlassen. Falls ich nicht die Möglichkeit erhalte, die katastrophalen Zustände im Land weiter zu verbessern, sei es nur konsequent auszuwandern.

Die Reaktion meiner großzügigen politischen Mitbewerber ließ nicht lange auf sich warten. Am 9. Januar teilte die SPD den Medien mit, ihre Fraktion im Parlament habe mir einen

Air-France-Flug nach Madagaskar gebucht und hielte das auf meinen Namen ausgestellte One-Way-Ticket nun hoffnungsvoll bereit. Ich solle dorthin gehen, wo der Pfeffer wächst. Die SPD habe die 2.982 Euro fürs Business-Class-Ticket vorgestreckt.

Ich reagierte ein wenig undankbar mit Belehrungen aus der neueren deutschen Geschichte, weil die Auswahl des Ortes für meine Entsorgung reichlich geschmacklos anmutete. Die Nationalsozialisten hatten vor dem Zweiten Weltkrieg Pläne geschmiedet, deutsche Juden nach Madagaskar zu deportieren.

Ende Januar kam es zwischen meiner alten und meiner neuen Partei zu einem köstlichen Streit um den Namen »Schill«. Obwohl sie in meiner Ex-Partei mit mir ja eigentlich nichts mehr zu tun haben wollten, beanspruchten sie den Namen »Schill« als Kurzbezeichnung nun trotzdem, um damit an der bevorstehenden Wahl teilzunehmen. Sie argumentierten, ihre Partei sei unter dieser Marke bekannt, was man so kurz vor der Wahl nicht mehr ändern könne. Ich hätte meinen Familiennamen der Partei willentlich als Markennamen zur Verfügung gestellt und könne diesen jetzt nicht einfach zurückfordern.

Das Landgericht war anderer Meinung und verbot meiner Ex-Partei entsprechend meinem Antrag die weitere Führung des Namens »Schill«. Mit meinem Ausschluss hätten sie das Recht auf meinen Namen verwirkt.

Da sie so kurz vor der Wahl keinen Parteitag zur Änderung des Kürzels mehr organisieren konnten, mussten sie ganz ohne Kurzbezeichnung antreten. Auf dem Wahlzettel blieb zwischen CDU und FDP nun einfach ein freies Feld. Die Ärmsten!

Wahlkampf machte ich, indem ich wie früher auf Tournee ging. Die mir nur noch wenig zugeneigten Zeitungen schrieben missmutig, ich sänge unverdrossen meine Erfolgslieder und die Häuser seien voll.

Der Bundesaußenminister Joschka Fischer verkündete unter dem Jubel von über 1.000 Zuhörern: »Hamburg ist nicht Schill!« Bis heute habe ich nicht ganz verstanden, was er damit sagen wollte. Aber es klang gut.

Das Klima war insgesamt noch rauer geworden als beim letzten Wahlkampf. Über 90 Prozent unserer Wahlplakate wurden zerstört. Alle großen Zeitungen bekämpften mich jetzt offen. In der Woche vor der Wahl titelten sie »Wer Schill wählt, hilft Rot-Grün« oder »Schill ohne Chance«.

Angesichts dieser schwierigen Umstände orderte mein Freund Bolko Hoffmann eine sogenannte computergesteuerte Telefonkampagne. Ich hatte Gelegenheit, eine halbe Million Hamburger anzurufen und Überzeugungsarbeit zu leisten. Ich sprach die Leute direkt an und sagte: »Moin, moin! Hier ist Schill, Ronald Schill. Bitte geben Sie mir eine Minute Zeit …«

Eine Zeitung brachte unsere Aktion sogar einen Tag vor der Wahl aufs Titelblatt und druckte: »Irrer Wahlendspurt – Schill: Telefon-Terror in Hamburg«. Ich erfuhr, dass viele Bürger geglaubt hatten, wirklich mich persönlich an der Strippe zu haben. Einige hätten ihren Ohren nicht getraut und mich gebeten, sie nicht zu belästigen. Vergeblich! Ich hätte einfach weitergesprochen.

Am Wahltag, dem 29. Februar 2004, hörte ich bereits um 16 Uhr von Journalisten, dass meine Partei nur bei drei Prozent liege. Zwei Stunden später im Wahlzentrum bestätigte sich das Desaster. Ich hatte mit meiner neuen Partei lediglich 3,1 Prozent erringen können, war also raus aus dem Parlament. Der einzige Trost war, dass meine Ex-Partei mit 0,4 Prozent regelrecht vernichtet worden war. Hackfluss und mein zum Innensenator aufgestiegener Büroleiter hatten also Gelegenheit, an ihrem Wahlergebnis den ihnen zukommenden politischen Stellenwert abzuschätzen.

83

Reisevorbereitungen

Jetzt wurde es ernst. Mein letzter in Deutschland verbrachter Sommer neigte sich seinem Ende zu. Meine kleine Wohnung mit Elbblick hatte ich für Ende September 2004 gekündigt. Über 90 Prozent meiner Sachen warf ich auf den Müll. Ein paar Klamotten lagerte ich bei Freunden. Man muss loslassen können! Die wesentlichen Dinge meines zukünftigen Lebens müssen in zwei Koffern Platz finden. Das klingt wenig komfortabel, beschert aber Freiheit und Mobilität.

Für den 15. Oktober 2004 buchte ich ein One-Way-Ticket nach Havanna auf Kuba. Die Insel Fidel Castros war mir von einem Urlaub aus dem Jahr 1997 noch in bester Erinnerung. Schöne Strände, mitreißende Salsa-Musik und hinreißende Frauen. Mehr geht nicht.

Vor allem faszinierte mich aber an Kuba dieser einzigartige morbide Charme. Die prächtigen Paläste, Hotels, Villen, Boulevards und Straßenkreuzer. Alles leicht verfallen und marode und bereits ein wenig dem Tode geweiht wie der große Fidel selbst.

Das sollte meine neue Welt werden.

84

Corinna Jürgens

Gelegentlich telefonierte ich mit Corinna, der Ehefrau von Udo Jürgens, und erzählte ihr von meiner bevorstehenden Emigration. Ich kannte sie nur übers Telefon. Udo Jürgens hatte im Februar in Hamburg ein Konzert gegeben. Da meine Mutter einen Tag vorher den Wunsch geäußert hatte, dabei zu sein, fragte ich bei meinem ehemaligen Senatspressesprecher an, von dem ich wusste, dass er mit Udo gut befreundet war. Eine Stunde später hatte mich dann Corinna angerufen, um mir zu sagen, wo die Eintrittskarten für mich hinterlegt seien. Nach dem Konzert hatte ich mich bei ihr telefonisch bedankt.

LEUTE
AFFÄRE

UMARMT Corinna Jürgens und Ronald Schill letzte Woche in Hamburg. Er strahlt, sie scheint zu zögern ...

Mit Corinna Jürgens beim Frühstück in Hamburg – BUNTE, 21.10.2004

Als wir zwei Wochen vor meiner Abreise mal wieder telefonierten, äußerte sie unvermittelt ihr Bedauern darüber, dass wir uns wohl niemals begegnen würden. Eher scherzhaft erwiderte ich, dass ich sie ja vorher einmal in Düsseldorf besuchen könne. Ihr gefiel die Idee.

Nun bin ich allerdings nicht der Typ, der einfach mal so nach Düsseldorf fährt, ohne zu wissen, was ihn dort erwartet. Es musste sich schon lohnen. Unsere Gespräche waren erfrischend und Corinna war auf betörende Weise kultiviert. Eine Tochter aus sehr gutem Hause eben. Und etwas Weiteres schwante mir, was eine Begegnung interessant machen könnte. Udo Jürgens, der angehimmelte Frauenschwarm, hatte ausgerechnet sie geheiratet. Also musste sie bei aller Kultiviertheit etwas ganz Besonderes haben, was Alphamänner wie ihn und mich geradezu beseelt. Nun blieb nur noch herauszufinden, ob sie sich in Düsseldorf lange zieren würde. Immerhin war sie ja verheiratet. Ich wusste, dass sie eine direkte Nachfrage als stillos empfinden würde. Also erging ich mich in lyrischem SMS-Verkehr voller diskreter Andeutungen. Ihre Erwiderungen waren ermutigend und schon saß ich im Zug nach Düsseldorf. Vorher hatte ich mir bei meiner Großmutter noch eine Frauenzeitschrift abgeholt, in der Corinna abgebildet war. Wie hätte ich sie sonst auf dem Bahnhof erkennen sollen?

Es wäre nicht nötig gewesen. Denn sie erkannte mich. Wir fuhren in ihrem schicken Mercedes Coupé direkt in ihr gerade frisch bezogenes Penthouse am Rheinufer. Außer einem Fernseher und einer Luftmatratze war es leer. Es reichte aber völlig aus.

Wie zwei Verdurstende stürzten wir uns aufeinander und liebten uns Stunde um Stunde. Meine Vorahnung blieb nicht unbestätigt. Corinna war grandios! Wie eine Brandung, die den Fels umspült; die dich erfasst und mit sich in die Tiefe reißt.

Ich weiß, was ich will
Ich will die Leidenschaft, mit der Du mich liebst
Die sanfte Zärtlichkeit, wie Du sie mir gibst
[...]
Und alles das, bis uns die Sinne vergehen.

Mangels Lampen oder Kerzen hatten wir den Fernseher ohne Ton eingeschaltet und erblickten unversehens ihren Gatten, wie er anlässlich seines Geburtstages bei *Wetten, dass ..?* auf der Couch saß. Der große Udo Jürgens. Ich verehre diesen Mann! Kein deutschsprachiger Künstler hat mit seiner Musik mein Herz jemals so berührt.

Zwei Tage vor meiner Abreise nach Kuba besuchte mich Corinna in Hamburg. Da ich mittlerweile obdachlos war, trafen und liebten wir uns in der Villa eines Freundes. Am nächsten Tag war sie bei einem Abschiedsessen im engsten Freundeskreis an meiner Seite, das in einem meiner Lieblingsrestaurants stattfand.

Plötzlich begann ein Mediengewitter, das alles, was ich als Senator jemals erlebt hatte, in den Schatten stellen sollte. Drei Tage hintereinander beherrschten Corinna und ich die Titelblätter der *BILD*-Bundesausgabe. Etwas Vergleichbares hatte bisher nur Harald Juhnke mit seiner Kampf-Sauferei geschafft.

Am Freitag, dem Tag meiner Abreise, hieß es: »Was läuft denn da? Udo Jürgens' Ehefrau im Arm von Ex-Senator Schill«. Am Samstag folgte ein reich bebilderter Artikel über ein »Geheimes Liebesnest in Hamburg«. Die *BILD am Sonntag* titelte: »Udo Jürgens – Trennung?« Udo Jürgens selbst wurde zitiert: »Wenn meine Frau sagt, dass sie diesen Mann liebt, dann muss man über Veränderungen nachdenken. Aber ich will jetzt nicht die Nerven verlieren.«

85

Kuba

Noch viele Wochen sollte es rauschen im Blätterwald des Boulevards. Ich selbst bekam in meiner neuen Heimat Kuba von alledem jedoch nur wenig mit. Bei meiner nächtlichen Ankunft in Havanna war ich noch am Flughafen von einem eigens angereisten Kamerateam des ZDF bedrängt worden, sinnlose Fragen zu beantworten. Nach meiner erfolgreichen Flucht im Taxi sah ich dann mehr als ein halbes Jahr lang keinen Journalisten mehr.

Am nächsten Tag saß ich bei trübem Wetter am Malecon, der legendären Uferstraße von Havanna, und dachte in etwas melancholischer Stimmung über mein Leben nach. Ich hatte alles verloren: meine Heimat, meine Freunde und schon wieder eine große Liebe.

Warum nur, warum
Muss alles vergehen
Warum nur, warum
Bleibt gar nichts bestehen
Du gehst von mir
Schaust Dich nicht um
[…]

Schon wieder kam mir die herrliche Musik von Udo Jürgens in den Sinn, die die Liebe und ihr Ende so treffend beschreibt. Zwischen ihm und Corinna wird es wohl einen neuen Anfang geben. Ich war weit genug entfernt, um einem neuen Glück nicht im Wege zu stehen. Nach all seinen Seitensprüngen mag die Affäre mit mir für Corinna auch eine süße Rache gewesen sein. Jetzt waren sie sich nichts mehr schuldig.

Mit meinem Mietwagen fuhr ich in Richtung der Playas del Este zu einer Siedlung 20 Kilometer östlich von Havanna, wo es mir sieben Jahre zuvor gut gefallen hatte. Gleich hinter dem die Hafeneinfahrt unterquerenden Tunnel traf ich auf warmherzige Menschen der kubanischen Polizei. Sie meinten, es sei besser, bei der Nutzung des Tunnels das Licht einzuschalten, und baten um eine kleine Spende zur Aufbesserung ihrer Haushaltskasse. Am besten in Dollar. Einfach nett, diese Kubaner! Sogar die Polizei.

An einem Strandabschnitt der Playas del Este sprach ich an der Bushaltestelle zwei attraktive Latinas an, die sich als Mutter und Tochter zu erkennen gaben. Ich bat sie, mir bei der Suche eines Apartments behilflich zu sein. Wir fanden ein Haus direkt am Strand, dessen Besitzer mir das ganze Obergeschoss mit großer Terrasse für 30 Dollar pro Tag vermietete. Er fragte, ob die jüngere der Frauen gleich mit einziehe. Er müsse dies wissen, weil er sie dann am nächsten Morgen gleich im Polizeirevier mit anmelden müsse. Sie signalisierte sofort ihr Einverständnis. Mir dagegen schwante Ungemach und ich nahm meinen neuen Vermieter zur Seite für ein kurzes Gespräch unter Männern. Ich fragte ihn, ob es denn theoretisch möglich sei, einige Zeit später auch mal eine andere Frau anzumelden. Er verneinte meine Frage und verwies auf die in den letzten Jahren viel strenger gewordene polizeiliche Überwachung. Da ich meine neue Frau noch nicht ausreichend kannte, verschob ich meine Entscheidung auf morgen. Nach der bevorstehenden Nacht würde ich mehr sagen können.

Innerhalb einer Stunde hatte ich ein neues Zuhause und eine neue Frau gefunden. Jedem Ende wohnt eben auch ein neuer Anfang inne.

Einige Wochen später erzählten mir Freunde am Telefon von der spektakulären Schlagzeile in meiner alten Heimat: »Schill in Kuba – Castro gestürzt!« Fidel war allerdings lediglich von der Bühne gefallen und hatte sich den Arm gebrochen.

Nach einem halben Jahr hatte ich die Nase voll von Kuba. Die strenge polizeiliche Überwachung hatte den Menschen ihre Leichtigkeit und Unbeschwertheit im Umgang mit Ausländern wie mir genommen. Am Strand standen in Abständen von 100 Metern Polizisten, um Kontakte zwischen Kubanern und Gringos zu unterbinden. Das war nicht mehr meine Insel.

86

Kein Schiff in Sint Maarten und Florida

Nach zwei Monaten zurück in Deutschland flog ich Ende Juni 2005 mit meinen beiden Koffern auf die Karibikinsel Sint Maarten, um dort eine gebrauchte Segeljacht zu kaufen. Nachdem sich Kuba als Reinfall erwiesen hatte, wollte ich nun meinen alten Traum verwirklichen, mit einem eigenen Schiff die Welt zu bereisen. Da ich zu meinen Zeiten als Richter und Senator immer sparsam gelebt hatte, würden meine Ersparnisse nun für den Erwerb eines Segelbootes reichen. Dachte ich! Tatsächlich waren alle infrage kommenden Jachten sogar auf der mir extra für ein günstiges Schnäppchen empfohlenen Karibikinsel zu teuer.

Nach einem Monat flog ich nach Miami, um im benachbarten Fort Lauderdale fündig zu werden. Aber auch hier waren gebrauchte Segeljachten überteuert, weil sich die Weltwirtschaft gerade in einer Boomphase befand.

87

Ankunft in Rio

Anfang August 2005 flog ich von Miami weiter nach Rio de Janeiro, um zu schauen, ob es sich dort gut leben lässt. Bisher hatte ich Brasilien gemieden, da ich zwar spanisch, aber nicht portugiesisch sprach. Beide Sprachen ähneln sich jedoch, sodass ich mit Spanisch einigermaßen zurechtkam.

Schon nach einem Tag im Hotel fand ich im Stadtteil Copacabana ein Apartment für umgerechnet 450 Euro Monatsmiete. Auf Anhieb war ich begeistert von dieser Metropole. Rio de Janeiro ist vielleicht nicht die schönste, aber mit Sicherheit die am schönsten gelegene Stadt der Welt. Rio ist eine Königin zwischen Meer und Dschungel, zwischen Strand und bizarr aufragenden, kegelförmigen Bergen, die die höchsten Gebäude deutlich übersteigen. Und in Rio sind die Frauen noch stolz auf ihren Hintern. In Deutschland sollte man(n) den Po einer Frau nicht zu auffällig betrachten. Sonst denken beide: »Was für ein Arsch!« In Rio wackeln Frauen sogar beim Einkaufen mit dem Po und genießen darauf gerichtete Männerblicke, statt – wie in Deutschland – beleidigt zu sein.

Am Strand wurde ich häufig von Deutschen erkannt und angesprochen. Mehr als jeder Zweite des deutschsprachigen Publikums, dem ich an der Copacabana begegnete, blickte auf Knasterfahrung in deutschen Landen zurück. Es ist vermutlich die unheilvolle Mischung aus praller Lebenslust und schlaffer Arbeitsunlust, die diese durchweg recht charismatischen Zeitgenossen erst ins Gefängnis brachte und dann in Rio stranden ließ. Viele nutzen die Zeit in Rio, um die Verjährung in der alten Heimat noch offener Straf- oder Vollstreckungsverfahren abzuwarten. Mir gegenüber machten sie aus ihrer Vergangenheit auch selten ein Geheimnis. Schließlich war ich als ehemaliger Strafverteidiger und Strafrichter ja vom Fach und sie sahen in mir daher einen interessanten Gesprächspartner. Dass ich zur anderen Seite gehört hatte, spielte hier keine Rolle mehr.

Wer während der letzten 50 Jahre irgendwo in der Welt Millionen erbeutet hat, ist zumeist in Rio gelandet, weil sich das Geld an keinem anderen Ort derart genussvoll verprassen lässt. Für den englischen Posträuber Ronald Biggs war ich in Rio etwas zu spät dran. Aber ich hatte zumindest noch das Vergnügen, dessen Freund Harry König kennenzulernen, der als größter Autodieb aller Zeiten die Vorlage für den Film *Car Napping* geliefert hatte. Ich half ihm beim Feinschliff seiner Biografie und lernte bei der Lektüre so einiges über die hohe Kunst, Frauen

Ich und meine Brasilianerinnen

zu verführen. In ihm hatte ich meinen Meister gefunden. Einer derart charismatischen Persönlichkeit war ich noch nie begegnet, wenngleich sich alters- und alkoholbedingt bereits nicht unerhebliche Abnutzungserscheinungen zeigten.

Überhaupt waren Frauen das alles beherrschende Thema innerhalb der Community der Gringos, wie alle Nicht-Latinos hier genannt werden.

Den schönsten Frauen begegnete ich in der Diskothek »Help« an der Strandstraße Avenida Atlântica. Sie pilgerten aus ganz Brasilien nach Rio, um in diesem Tempel der wummernden Bässe und prallen Lebensfreude den Gringo ihres Lebens zu finden. Man hatte dort die Wahl zwischen 300 Top-Models in ständig wechselnder Besetzung, von denen die Hälfte in Deutschland ohne Weiteres als Schönheitsköniginnen durchgegangen wären. Jede Nacht. 365 Tage im Jahr. Ein Wahnsinn! Der Laden war weltbekannt. Allein der *SPIEGEL* verfasste diverse Artikel über das Freudenhaus Südamerikas.

Ich selbst war nur recht selten im »Help«, da zu meiner Zeit das ursprünglich vorherrschende, romantische Flair bereits einer zunehmenden Kommerzialisierung dieser Art zwischenmenschlicher Kontakte gewichen war. Häufig schaute ich dagegen um Mitternacht beim vor der Diskothek gelegenen Open-Air-Restaurant vorbei, um Freunde und Bekannte zu treffen. Beim netten Plausch konnte man beobachten, wer sich so alles vor dem Eingang der Diskothek drängelte.

Als die Behörden das »Help« 2010 schlossen, brach der Sextourismus in Rio zusammen und ich hatte meinen nächtlichen Treffpunkt verloren. In den wenigen verbliebenen Bars, in denen Gringos ohne portugiesische Sprachkenntnisse zurechtkommen, haben die Mädchen nur noch Dollarzeichen in den Augen.

88

Fahndung

Schon zwei Monate nach der Ankunft in meiner neuen Heimat hatten mich deutsche Reporter aufgespürt. Eine Hamburger Zeitung füllte ihr Titelblatt mit der Überschrift »Wilde Sau unterm Zuckerhut«. Es wurde behauptet, ich sei im Rotlichtviertel der Copacabana abgestiegen und würde hier meine Richterpension verprassen.

Überdies hatte sich die Hamburger SPD schon im September 2005 in den Kopf gesetzt, mich für einen parlamentarischen Untersuchungsausschuss als Zeugen zu laden. Dumm nur, dass ich soeben in 10.000 Kilometer Entfernung eine neue Heimat

»Fahndungsfotos« – BILD Hamburg, 28.6.2006

gefunden hatte und mein Interesse an einer Rückkehr gegen null tendierte.

Ende Mai 2006 hieß es in Hamburger Zeitungen: »Schill abgetaucht – Bürgerschaft jagt Ex-Senator« und »Muss die Polizei nach ihrem Ex-Chef fahnden?«.

Im Herbst 2006 veröffentlichten die Zeitungen Fotos, die zeigten, wie ich auf einem Fahrrad an der Strandpromenade entlangradelte. Es ist aber gar nicht so einfach, einem Radfahrer im fernen Ausland eine Ladung zuzustellen. Auch die ARD, die mich zufällig auf einer brasilianischen Wahlveranstaltung antraf, hatte dummerweise gerade keine Ladung dabei.

Die heimatlichen Schlagzeilen lauteten nun »Internationaler Haftbefehl gegen Schill?« und »Ausschuss schaltet Landeskriminalamt ein«. Auch der mit der Sache betraute deutsche Generalkonsul in Rio vermochte nicht zu helfen, weil meine Adresse in Rio nicht bekannt war. Es erfüllte mein Herz mit tiefer Trauer.

Nach der Scheidung von Udo Jürgens kam mich Corinna nun immer mal wieder in Rio besuchen und schließlich landeten wir beide Mitte Dezember 2006 mal wieder auf der Seite eins des Bundesteils der *BILD*-Zeitung. »Ex von Udo Jürgens bei Schill in Rio erwischt« stand unter dem Schnappschuss, auf dem wir mit unseren Fahrrädern abgebildet waren. Im Text war zu lesen:

So weit weg und doch so nah, was für eine ungewöhnliche Liebesgeschichte. Und was für eine Demütigung für die Mitglieder des Hamburger Untersuchungsausschusses, vor dem Schill seit Monaten aussagen soll. Wir sehen den international zur Aufenthaltsermittlung gesuchten Ex-Senator und Udo Jürgens' Ex-Frau radeln.

89

Untergang von Hackfluss

Hackfluss, der durch seinen Verrat mein politisches Lebenswerk zerstört hatte, war nach den Neuwahlen Anfang 2004 natürlich seiner Ämter als Zweiter Bürgermeister und Senator verlustig gegangen. Auch war die von uns gemeinsam aufgebaute Partei, deren Bundesvorsitzender er war, nun dem Tode geweiht gewesen. Er hatte für seinen Verrat teuer bezahlt. Aber er gab noch nicht auf. Immerhin konnte er erwarten, von Ole, dem Nutznießer des Verrates, jetzt aus Dankbarkeit protegiert zu werden. Folgerichtig trat Hackfluss auch sogleich zu Oles CDU über.

Aber die neuen, ihm verliehenen Ämter ließen zu wünschen übrig. Es waren Ehrenämter ohne nennenswerte Bezahlung. So wurde er Vorsitzender eines Vereins zur Verschönerung einer Geschäftsstraße an der Binnenalster und Aufsichtsratsmitglied in der Hafenbehörde. Schließlich bewarb er sich erfolglos für den freigewordenen Posten des Geschäftsführers der Hamburger CDU. Und so machte Hackfluss die für ihn schmerzliche Erfahrung, dass die Leute zwar den Verrat lieben, aber nicht den Verräter. Erst als das – ihm als Ex-Senator zustehende – Übergangsgeld auslief, wurde ihm im April 2006 ein mit monatlich 3.500 Euro dotierter Beraterposten zugeschanzt.

Dumm nur, dass er kurz zuvor in die Dienste eines Mannes getreten war, der von vielen der organisierten Kriminalität zugerechnet wurde. Als dies im Juni bekannt wurde, verlor Hackfluss umgehend alle seine Posten. Er wurde zur Persona non grata. Selbst der mächtige Ole ließ ihn jetzt fallen wie eine heiße Kartoffel, um nicht selbst Schaden zu nehmen.

Jetzt war Hackfluss wirklich am Ende. Am 6. Januar 2007 saß ich in Rio an meinem Computer und las in der Zeitung, Hackfluss habe sich die Pulsadern aufgeschnitten. Es sei schon der zweite Selbstmordversuch innerhalb eines halben Jahres gewesen.

90

Mein echtes Kokain-Erlebnis

In den Jahren 2006 und 2007 verbrachte ich viel Zeit mit einem netten Hamburger, der dem Schauspieler Heinz Hoenig ähnelt. Er zeigte mir die wunderschöne Umgebung Rio de Janeiros. Immer wieder fuhren wir mit dem Motorrad zu Sehenswürdigkeiten, die in keinem Reiseführer stehen. Er war stets gut gelaunt und lustig. Seine Aussagen pflegte er durch die Floskel »Weis' wie ich mein?!« zu bekräftigen. Aber sonst schien er ganz in Ordnung zu sein. Corinna dagegen mochte ihn nicht.

Wenn uns Corinna mal wieder mit ihrer Kochkunst verwöhnte, legte sie deshalb Wert darauf, dass der Hoenig-Verschnitt wenigstens seinen Freund mitbringe, den sie wiederum interessant fand. Der Freund war das Gegenteil von meinem Hoenig. Ein verwegener, kantiger, muskulöser Machotyp mit stechenden Augen und einer gehörigen Portion »Dreck in der Fresse«. Frauen, die auf so etwas stehen, schmolzen dahin, wenn sie ihn nur sahen.

Mich beeindruckte, dass er fließend portugiesisch sprach, was ich zu dieser Zeit von mir noch nicht behaupten konnte. Als seine Vorbilder nannte er die großen amerikanischen Mafiabosse von Meyer Lansky bis Bugsy Siegel. Ich vermied einen näheren Kontakt zu ihm.

Ende 2006 regte der Verwegene nach einem gemeinsamen Essen an, uns den Boss der benachbarten Favela vorzustellen. Ich war bis dahin noch nie in dieser Favela gewesen, deren Eingang weniger als fünf Gehminuten von meinem Apartment entfernt lag. Von unten konnte man sehen, wie deren unverputzte Häuser den Berg heraufwucherten. Gelegentlich waren Schüsse zu hören. Ich hatte schon zweimal junge Räuber dorthin flüchten sehen, nachdem sie in der Geschäftsstraße Passanten überfallen hatten. Jeder wusste, dass es dort keine Polizei gab.

Mein Hoenig war entsetzt von der Idee, jetzt um Mitternacht die Favela zu betreten und noch dazu den obersten Chef der Banditen dort zu treffen. Für meine schon leicht angeheiterte Corinna war seine Angst eine Steilvorlage. Sie – ansonsten selbst eher ängstlich und vorsichtig – fühlte sich ihm in dieser Situation überlegen und erklärte, sie würde gerne mitkommen. Dies konnte wiederum mein Hoenig-Verschnitt nicht auf sich sitzen lassen und trottete – vor Angst schweißgebadet – hinter uns die Stufen der nicht enden wollenden Treppen herauf. Es war dunkel und roch streng nach Abwässern. Aber Corinna war wie beseelt von der Angst des Hoenig-Verschnitts und folgte dem Verwegenen, als dieser nun nach rechts über einen schmalen Gang in Richtung eines erleuchteten Platzes abbog.

Zuerst erblickte ich vor uns zwei junge Männer, die Tischfußball spielten. Sie hatten ihre Schnellfeuergewehre griffbereit an den Seiten des Tisches abgelegt. Links neben dem Tisch standen weitere Halbwüchsige mit um die Schulter gehängten Gewehren. Rechts am Tresen einer zum kleinen Platz hin offenen Bar stand die Hauptperson, die der Verwegene mit Handschlag begrüßte. Der Mann wurde uns als »Bala« vorgestellt und begrüßte auch uns freundlich.

Der Verwegene erläuterte uns auf Deutsch, unser Gastgeber werde ehrfurchtsvoll »Bala« – zu deutsch »Kugel« – genannt, weil er bereits 80 Feinde erschossen habe. Welch eine reife Leistung für den erst 26-Jährigen, der auf dem Tresen gerade fein säuberlich drei Linien mit weißem Pulver arrangierte. Freundlich überreichte er mir einen zusammengerollten Geldschein.

Obwohl es niemand sagte, sprach einiges dafür, dass es sich bei dem Pulver nicht um zerstoßene Vitamintabletten, sondern um ein Naturprodukt namens Kokain handelte. War danach nicht auch das bekannteste Erfrischungsgetränk der Welt benannt, das früher 200 Milligramm pro Liter davon enthalten haben soll?

Wie auch immer. Es war nicht der Ort und nicht die Zeit, seine Einladung schnöde zurückzuweisen. Mir wurde schlagartig klar, dass es für uns kaum einen plausiblen Grund gab, ihn hier aufzusuchen, außer dem, sein Angebot zu testen. Allein der leiseste Verdacht, ihn ausspionieren zu wollen, käme jetzt einem Todesurteil gleich.

Also zog ich mir nun endlich das sagenhafte Zeug in die Nase, das man mir schon so lange angedichtet hatte. Corinna folgte mir und danach war Hoenig dran. Freundlich forderte Bala seinen Geldschein zurück. Gespannt warteten wir auf die Wirkung.

Corinna und ich scherzten ausgelassen darüber, wie viel wohl von dieser Szene geschossene Fotos in Deutschland wert wären. Ex-Gattin von Udo Jürgens und Ex-Senator Schill koksen Seite an Seite mit gesuchtem Massenmörder in Rio.

Von dem Kokain bemerkte ich bei mir irgendwie keine Wirkung und Corinna war vorher schon lustig drauf. Das war ja eine tolle Droge, die mich knapp fünf Jahre zuvor um ein Haar mein Senatorenamt gekostet hätte.

Zwei Wochen nach unserem kleinen nächtlichen Abenteuer erkannte ich unseren netten Gastgeber auf der Titelseite einer brasilianischen Zeitung wieder. Bei einem polizeilichen Großangriff auf die Favela war ihm trotz Einsatzes gepanzerter Hubschrauber die Flucht gelungen. Und die Zahl seiner Morde, die ich erst für übertrieben gehalten hatte, fand ich schwarz auf weiß bestätigt.

Im Frühjahr 2007 waren wir in gleicher Besetzung einige Male in zwei Wohnungen eines Reisebürobesitzers zur Party eingeladen. Während Corinna und ich jeweils eine Flasche Wein mitbrachten, leistete der Verwegene seinen Beitrag zum Gelingen des Abends zweimal in Form des bekannten weißen Pulvers.

Beim ersten Mal zog ich das der Partygesellschaft als Kokain angebotene Pulver in die Nase, um kein Spielverderber zu sein, während Corinna es höflich ablehnte. Beim zweiten Mal lehnte ich höflich ab und Corinna zog es sich in die Nase. Bei den übrigen Treffen, an denen Corinna nicht mehr teilnahm, wurde kein Kokain mehr angeboten.

Ende August 2007 wurde mir in einer E-Mail mitgeteilt, man sei im Besitz von Filmmaterial, das mich und Corinna u. a. beim Koksen zeige. Dieses Material solle für einen sechsstelligen Eurobetrag deutschen Medien angeboten werden, was nur durch Zahlung eines entsprechenden Betrages von meiner Seite verhindert werden könne. Ich solle mich dringend melden, um Einzelheiten zu besprechen.

Die Erpresser, die uns offenbar in den Apartments des Reisebürobesitzers heimlich gefilmt hatten, hatten sich bei dieser und weiteren E-Mails ähnlichen Inhalts einen besonderen Gag einfallen lassen: Sie benutzten für die Versendung ihrer E-Mails einen auf den Namen Ronald Schill eingerichteten E-Mail-Account. Ich schrieb also scheinbar an mich selbst. Nichts lag mir ferner, als darauf zu antworten oder auch nur einen Cent zu zahlen. Die wichtigste Grundregel im Umgang mit Erpressern lautet schließlich: Zahle nie. Sonst zahlst du immer!

91

Flucht nach Paraguay

Da ich nicht wusste, was diese kriminelle Bande noch im Schilde führte, beschloss ich, mich in einer raschen Nacht-und-Nebel-Aktion aus Brasilien abzusetzen. Bedauerlicherweise war mein Touristenvisum längst abgelaufen. Meine Reisen nach Argentinien und Uruguay, die ich zur Verlängerung des Visums unternommen hatte, lagen schon eineinhalb Jahre zurück. Ich war also illegal in Brasilien. Außerdem war mein Reisepass abgelaufen, sodass ich nicht einmal einen Inlandsflug nehmen konnte.

Ich fuhr also 20 Stunden lang mit dem Bus über São Paulo nach Foz de Iguaçu an die Grenze zu Paraguay. Natürlich gönnte ich mir erst einmal das Vergnügen, die hier gelegenen größten Wasserfälle der Erde zu besuchen. Ein Ensemble aus 275 Wasserkaskaden!

Das brasilianische Foz de Iguaçu bildet mit dem paraguayischen Ciudad del Este ein gemeinsames städtisches Gebiet, das durch den Fluss Paraná getrennt ist. Über den großen Fluss führt die Ponte da Amizade, die Brücke der Freundschaft. Von meinem letzten Besuch zwei Jahre zuvor wusste ich, dass die Brücke von Stadtbussen befahren wird, in denen keine Grenzkontrollen stattfinden. Am nächsten Tag wartete ich bis zum Nachmittag, damit der Bus wegen des Feierabendverkehrs gut gefüllt sein würde und ich mit meinen beiden Koffern nicht auffiele. Ich passierte erst die brasilianische und dann am anderen Ufer die paraguayische Grenzstation ohne Probleme. Irgendwie fühlte ich mich wie Richard Kimble auf der Flucht.

Jetzt ging es noch einmal fünf Stunden weiter im Bus nach Asunción, der Hauptstadt Paraguays. Hier residierte ich für 30 Dollar pro Nacht in einem schönen Hotel mit Swimmingpool. Der Präsidentenpalast war nur zwei Minuten entfernt. Immer wenn ich den Frühstückssaal betrat, wurden für mich alte deutsche Lieder aufgelegt. In der Konditorei gegenüber gab es Schwarzwälder Kirschtorte, die auch so hieß.

In der Deutschen Botschaft besorgte ich mir einen neuen Reisepass. Ein Fahndungsersuchen aus Hamburg wegen meiner dort immer noch sehnlichst erwarteten Zeugenaussage hatte der Botschafter nicht für mich. Jedenfalls sprach er mich bei Abholung des Passes nicht darauf an.

Nach sechs Wochen erfuhr ich, dass der Untersuchungsausschuss in Hamburg seine Arbeit eingestellt hatte. Ich selbst hatte Land und Leute in Paraguay zur Genüge kennengelernt und flog nach Deutschland. Ich wollte mir in der Brasilianischen Botschaft in Berlin nun ganz offiziell ein Dauervisum besorgen und mich mit Corinna in Zürich treffen.

92

Comeback in Hamburg

Die Medien bereiteten mir einen warmherzigen Empfang. Auf Titelseiten wurde ich grimmig mit wehendem Mantel abgebildet. Darunter stand: »Schill zurück in Hamburg – Will er sich an Ole rächen?« Da in Hamburg gerade Neuwahlen bevorstanden, bei denen Ole seine absolute Mehrheit verteidigen wollte, hieß es außerdem: »Ein alter Freund kommt ungelegen«.

Tatsächlich lief die Opposition nun zu Höchstform auf und bestand darauf, den offiziell ja bereits beendeten parlamentarischen Untersuchungsausschuss wieder ins Leben zu rufen. Nur um mich als Zeugen gegen Oles Regierung in Stellung zu bringen. In der Sache ging es um Skandale in einem geschlossenen Heim für minderjährige Straftäter, das auf meine Initiative hin geschaffen worden war.

Am 2. November 2007, dem Tag nach meiner Aussage, rauschte es im Blätterwald: »Schills Show – selbstverliebter Auftritt und harte Attacken« oder »Ex-Innensenator inszeniert seinen Auftritt und greift CDU-Senatoren an«. Das *Hamburger Abendblatt* schrieb:

Es war fast so wie früher. 17.05 Uhr, Stephansplatz: Auftritt Ronald Barnabas Schill. Kaum dass sich der Ex-Innensenator mit seinem Anwalt Corvin Fischer, einigen Bodyguards und alten Getreuen nähert, da laufen, nein, besser stürzen Kamerateams und Fotografen auf ihn zu. Die große Gestalt Schills ragt über den Menschenpulk hinaus – er lächelt entspannt, ist gut gebräunt und reitet gewissermaßen auf der Welle der öffentlichen Beachtung.

Schill und die Medien: Das ist ein Verhältnis, das auch früher auf wechselseitiger Aufmerksamkeit gegründet war. [...]

Der Mann weiß auch heute, was er Journalisten schuldig ist. Vor dem Architekturzentrum, dem Gebäude der Alten Post, hat sich ein Reporter vom NDR-Satiremagazin »extra3« in einen Käfig einschließen lassen. »Vorsicht! Kritische Fragen« steht auf seinem Plakat. »Sind Sie nicht der Mann von ›extra3‹?«, fragt Schill gut gelaunt. »Ich habe Ihnen eine Banane mitgebracht«, sagt er und reicht die Frucht in den Käfig. Zu seinen kritischen Fragen kommt der Reporter gar nicht.

»Der ist ja ganz zutraulich, Corvin«, sagt Schill zu seinem Anwalt. »Hier, ich habe noch eine zweite Banane«, sagt er gewollt herablassend zu dem verdutzten Käfig-Mann, und dann drängen seine Bodyguards schon den Weg in das Gebäude frei. [...][2]

93

Schneesturm in Rio

Am 6. März 2008 landete ich als stolzer Besitzer einer Daueraufenthaltserlaubnis erneut in Rio de Janeiro. Noch am selben Abend feierte ich meine Rückkehr mit Freunden. Plötzlich erhielt einer meiner Begleiter einen Anruf seiner brasilianischen Ehefrau. Sie hatte wie gewohnt im Internet die Lektüre der größten deutschen Zeitung genutzt, um die Sprache zu lernen. Dabei war sie unversehens auf die Top-News des nächsten Tages gestoßen: »Geheimes Video aufgetaucht – Ex-Senator Schill beim Koksen gefilmt«.

Auf YouTube war ein Video zu besichtigen, wo ich mir von einem bereitgehaltenen Teller weißes Pulver in die Nase ziehe.

Überdies war ich mit den Worten zu vernehmen, das Kokain wirke bei mir und ich sei total wach.

Die Erpresser hatten ihre Drohung wahr gemacht. Allerdings war ich 10.000 Kilometer vom Epizentrum des nun einsetzenden Bebens entfernt. Und so konnte mir die Sache eigentlich am Arsch vorbeigehen.

Corinna, die sich inzwischen von mir getrennt hatte, blieb bisweilen verschont. Da sie keine Person der Zeitgeschichte war, wäre die Veröffentlichung einer sie betreffenden Sequenz des Videos bzw. ein Bericht dazu presserechtlich unzulässig gewesen. Dieses Schutzes ging sie allerdings durch eigenes Missgeschick verlustig, weil sie der *BUNTEN* nun aus freien Stücken ein Interview gab, das am 3. April 2008 veröffentlicht wurde. Sie erzählte darin, dass sie vor unserer Trennung oft bei mir in Rio gewesen sei. Zu unserer über zwei Jahre andauernden leidenschaftlichen Affäre stünde sie auch jetzt noch. Es sei eine schöne Zeit mit einem tollen, gebildeten Mann gewesen. Sie bereue nichts.

Zu bereuen hatte sie dann allerdings doch noch die Beantwortung der – wie zufällig eingestreuten – weiteren Frage, ob sie schon mal gekokst habe. Sie antwortete mit »Natürlich nicht!«. Jetzt überwog das Interesse der Öffentlichkeit an Information und Richtigstellung ihrer Behauptung das Interesse Corinnas am Schutz ihrer Privatsphäre.

Gleichzeitig mit dem Erscheinen der *BUNTEN* hatte die größte deutsche Tageszeitung ihren gewünschten Aufmacher: »Ex-Frau von Udo Jürgens auf Koks-Party«.

Kolumbien

Aufgrund der bevorstehenden Großereignisse wie Fußballwelt-meisterschaft und Olympiade wurde auch die Miete für das von mir seit Jahren an der Strandstraße bewohnte Apartment immer teurer.

Schon 2010 reiste ich daher nach Kolumbien, um nach einem alternativen Wohnsitz für die Zukunft Ausschau zu halten. Aber ebenso wenig wie im übrigen Brasilien fand ich dort einen Ort, der mir so gut gefiel wie Rio. Das mir schon seit meiner Kindheit aus Piratengeschichten geläufige Cartagena an der Karibikküste Kolumbiens begeisterte mich zwar wegen seiner kolonialen Architektur, aber es war mir dort auf die Dauer zu warm. In Medellín waren hingegen nur die Frauen heiß. Aber ich vermisste das Meer.

Favela-Haus

Rio ist die einzige Stadt, wo die Armen auf die Reichen herab-schauen. Die kleinen Häuschen der Favelas schmiegen sich an die Hänge der für Rio charakteristischen Granithügel. Der Blick von den oberen Häusern der Favelas in der Südzone der Stadt ist atemberaubend. Ich suchte nun hier nach einer Bleibe.

Doch obwohl ich bei meinen gelegentlichen Exkursionen durch die Favelas nahezu 100 Häuser besichtigte, konnte ich mich nicht dazu durchringen, eines zu kaufen. Entweder lagen sie in Bereichen, die durch regenbedingte Erdrutsche gefährdet waren, oder die Bausubstanz war einfach zu schlecht.

Letztlich hatte ich mich 2012 schon damit abgefunden, Südamerika ganz zu verlassen und auf die Philippinen zu gehen. In dieser Situation erzählte mir meine Putzfrau, dass sie in der benachbarten Favela Pavão-Pavãozinho wohne, und bot mir an, mir dort bei der Suche nach einem geeigneten Haus zu helfen. Es war dieselbe Favela, die ich sechs Jahre zuvor nachts mit Corinna aufgesucht hatte. Aber inzwischen war sie von der Polizei besetzt worden.

Ich bot meiner Putzfrau für den Fall einer erfolgreichen Vermittlung umgerechnet 3.000 Euro, was fast ihrem regulären Jahreslohn entsprach. Nach diversen erfolglosen Besichtigungen wollte sie schon aufgeben, als ich plötzlich in meinem Traumhaus stand: oberstes Geschoss eines dreistöckigen Hauses mit nutzbarem Dach darüber, 60 Quadratmeter Wohnfläche inklusive 15 Quadratmeter Balkon. Und ein Blick zum Niederknien!

Blick von der Dachterrasse meines Favela-Hauses in Rio de Janeiro mit Iara und Andreza

Das Haus liegt in gut 100 Meter Höhe mit einem Ausblick wie sonst nur vom Gipfel des Zuckerhutes. Nach Süden schaut man im Vordergrund auf die Festung des Forte de Copacabana mit den alten Krupp-Geschützen und gleich daneben auf den Felsen von Arpoador, der die Grenze der Stadtteile Copacabana und Ipanema an der Wasserseite bildet. Im Hintergrund sieht man eine Inselgruppe und zahlreiche auf Reede liegende Schiffe. Nach Osten hat man im Vordergrund den Strand von Copacabana im Blick und im Hintergrund den Zuckerhut an der Seite weiterer Inseln. Richtung Nordosten ist bei guter Sicht das über 2.000 Meter hohe Küstengebirge mit dem Finger Gottes zu sehen. Das ist ganz großes Kino!

Andererseits war das Dach derart undicht, dass einem der Mörtel schon auf den Kopf fiel. Aber das drückte den Preis. Schließlich kaufte ich das Haus für umgerechnet 15.000 Euro.

Meine Vermieterin musste sich eine neue Putzfrau suchen, da diese nach Übergabe des versprochenen Honorars nicht mehr an ihrem Arbeitsplatz erschien. Erst nach einem Monat meldete sie sich wieder und hatte die ganze Kohle durchgebracht. Da sie nun auch noch ihren Job als Putzfrau verloren hatte, klagte sie, mein verdammtes Geld habe sie ins Unglück gestürzt.

Mit der Komplettrenovierung des Hauses inklusive Dachsanierung beauftragte ich zwei solide bayrische Handwerker, die nach Brasilien ausgewandert waren. Sie rückten mit drei brasilianischen Hilfskräften an. Nach zwei Monaten zog ich ein.

Meine neuen Nachbarn waren begeistert. Sie waren schon immer der Meinung gewesen, dass es hier oben viel schöner ist als unten. Nun konnten sie den reichen Leuten unten erzählen, dass sogar ein echter Gringo unter ihnen lebt.

Zur Erreichung meines Hauses habe ich von unten 600 Treppenstufen zu überwinden, wovon ich mir gut die Hälfte durch die Benutzung einer Seilbahn ersparen kann. Es ist ein vorzügliches Training, für das ich im Fitnesscenter viel Geld bezahlen müsste.

96

Krieg

Nachdem mein erstes Jahr in der Favela ruhig und ereignislos verlaufen war, wurde mir ab Herbst 2013 ein spannendes Unterhaltungsprogramm geboten. Die *traficantes*, wie die Angehörigen der großen Drogenkartelle hier genannt werden, machten Anstalten, meine von der Polizei besetzte Favela zurückzuerobern. Insbesondere in den höheren, wegen günstiger

Hinterhalte schlecht zugänglichen Lagen positionierten sie sich mit ihren Schnellfeuergewehren. Also direkt vor meiner Haustür. Oft feuerten sie dabei Salven in die Luft, um allen zu zeigen, dass sie wieder da waren.

Die Polizeiführung reagierte, indem sie einmal täglich eine Patrouille nach oben schickte. Diese bestand aus sechs bis acht schwer bewaffneten, mit schusssicheren Westen geschützten Polizisten. Wie im schlechten Film bewegten sich die Polizisten mit martialischem Gehabe langsam die engen Gässchen herauf, die Mündungen ihrer Gewehre mit ruckartigen Bewegungen sichernd auf mögliche Hinterhalte richtend.

Wenn ich vom Supermarkt kommend mit meinen Einkaufstüten auf die Patrouille stieß, vermied ich es, sie zu überholen, um nicht zwischen die Fronten zu geraten. Meist hatten sich die *traficantes* zu diesem Zeitpunkt dank Warnung per Handy längst zurückgezogen.

Kaum hatte die Polizeipatrouille passiert, waren die bewaffneten *traficantes* wieder da, als sei nichts gewesen. Gern versammelten sie sich vor der hinter meinem Haus liegenden Bar. Die wiederum hinter der Bar liegende Schlucht bietet vorzügliche Rückzugsmöglichkeiten.

Am 24. Oktober 2013 wurde ich gegen drei Uhr morgens durch Schusssalven geweckt. Binnen zehn Minuten wurden mindestens 300 Schüsse in unmittelbarer Nähe meines Hauses abgefeuert. Den Zeitungen war später zu entnehmen, dass drei *traficantes* einer versteckten Polizeipatrouille in die Arme gelaufen waren. Um einer Verhaftung zu entgehen, hatten sie ihrerseits das Feuer eröffnet, woraufhin ihr Anführer von Polizeikugeln tödlich getroffen worden war. Die beiden anderen, denen die Flucht gelungen war, hatten dann offenbar aus einer Frustration heraus auf unterhalb der Favela gelegene Wohnhäuser geschossen. Einer meiner Freunde, der in einem Hochhaus auf der meiner Favela zugewandten Seite wohnt, warf sich aus seinem Bett auf den Fußboden, weil er den Eindruck hatte, die Projektile würden direkt bei ihm einschlagen.

An einem Morgen im März 2014 wurde ich gegen sechs Uhr durch ohrenbetäubendes Gedröhn geweckt. Ich ging auf meinen Balkon und schaute vorsichtig nach oben. Nur wenige Meter über meinem Dach flog ein großer Helikopter, dessen Seitentüren geöffnet waren. An beiden Seiten saßen Männer, die ihre Maschinengewehre nach unten gerichtet hatten. Ich dachte zuerst, der Helikopter würde auf meinem Dach landen. Aber er diente offenbar nur dazu, den Richtung Bar vorrückenden Truppen von oben Feuerschutz zu geben.

In diesem Moment bemerkte ich noch einen zweiten Helikopter weiter oben in Nähe des Bergkammes. Ich nahm an, er würde oben Truppen absetzen, um den *traficantes* den Fluchtweg abzuschneiden. Um das genau zu beobachten, hätte ich auf das Dach meines Hauses steigen müssen, wovon ich angesichts des ersten Helikopters absah, der immer noch ganz in der Nähe seine Runden drehte. Nach gut 30 Minuten war der Spuk vorbei.

Am nächsten Tag wurde ich noch ein weiteres Mal unsanft aus der Luft geweckt. Danach habe ich keinen bewaffneten *traficante* mehr gesehen.

Am Tag meines Abflugs nach Deutschland, dem 22. April 2014, gab es dann allerdings noch einmal stundenlange Schießereien in meiner Favela, nachdem Polizisten hier einen beliebten Tänzer getötet hatten. In der Umgebung der Favela waren die Straßen gesperrt und Hotelgäste wurden von der Polizei angehalten, die Häuser nicht zu verlassen. Überall brannten Barrikaden.

*

Man mag sich fragen, warum »Richter Gnadenlos« nun mitten in der Schusslinie zwischen Drogenkartell und brasilianischer Polizei lebt – der einstige Verfechter von Recht und Ordnung nun mitten im scheinbar lebensgefährlichen Chaos!

Zum einen habe ich keine Angst vorm Tod und betrachte die Situation mit der schmerzfreien Neugier eines Kriegsberichterstatters. Auch in Deutschland sind schwere Kämpfe zwischen Polizei und gewalttätigen Demonstranten schließlich keine Seltenheit, wobei Pflastersteine und Molotowcocktails geworfen oder Signalmunition verschossen werden.

Zum anderen ist ein Spaziergang durch das Stadtviertel, in dem ich aufwuchs, für mich wegen der vielen mir feindlich gesinnten, linken Chaoten gefährlicher als eine Durchquerung der Favela zu Kampfzeiten.

Als deutscher Strafrichter und Innenminister fühlte ich mich für die Sicherheit der Menschen in Deutschland verantwortlich. Hier bin ich Gast und mische mich nicht ein. Trotz der beim Kauf meines Hauses noch nicht absehbaren gelegentlichen Scharmützel kann ich mir keinen besseren Ort zum Wohnen vorstellen.

97

18 Jahre Mediengewitter

Ab Mai 2014 rauschte dann in Deutschland mal wieder der Blätterwald:

»Schampus-Sause auf Malle«.

»Das irre Leben des Ronald Schill«.

»Teppich-Luder macht Schill scharf«.

»Der Schill-Faktor – Warum fahren alle Frauen auf diesen Kerl ab?«.

Was soll eigentlich das Gerede über Datenschutz und NSA-Skandal? Seit 18 Jahren berichten die Medien jetzt über mich. Seit meinem Ausscheiden aus der Politik vor mehr als zehn Jahren berichten sie ungeniert über mein privates Leben, ohne dass ich sie je darum gebeten hätte. Was soll also dieses Geschiss um die ach so heilige Privatsphäre? Ich selbst habe schließlich auch keine!

Und da man mir eh schon viele Geheimnisse entrissen hat, verkaufe ich jetzt den mir verbliebenen Rest bei Big Brother und veröffentliche dieses Buch.

Nachwort

Als Politiker habe ich aus tiefer Überzeugung versucht, die Menschen vor Verbrechen zu schützen. Mein Kampf galt insbesondere Gewaltverbrechen. Aber auch die immer mehr um sich greifenden Wohnungseinbrüche verursachen beträchtliches Leid unter den Opfern. Außerdem bin ich gegen die Zustände zu Felde gezogen, die Thilo Sarrazin zehn Jahre später in seinem Buch *Deutschland schafft sich ab* anprangerte.

Da man mir die Möglichkeit nahm, die Situation in Deutschland zum Besseren zu wenden, war es für mich nur konsequent, meiner Heimat den Rücken zu kehren. Inzwischen ist alles noch schlimmer geworden.

In Deutschland bin ich häufig als ausländerfeindlich beschimpft worden, weil ich den überproportionalen Anteil der ausländischen Bevölkerung an der Kriminalität thematisiert hatte. Seit über zehn Jahren bin ich nun selbst Ausländer. Ich liebe es, in fernen Ländern deren Bewohner kennenzulernen und in ihre Welt einzutauchen.

Immer bin ich herzlich empfangen und gastfreundlich aufgenommen worden, was aber auch an mir selbst lag. Ich hatte die Landessprache zumindest so weit gelernt, dass ich mich unterhalten konnte, und lerne jeden Tag dazu. Ich versuche, mich den Landessitten anzupassen, und begegne den Menschen meines Gastgeberlandes freundlich und respektvoll. Ich kapsele mich nicht mit anderen deutschen Einwanderern ab und bilde eine Parallelgesellschaft. Ich schädige meine neuen Mitbürger nicht durch Straftaten. Ich zahle hier sogar Steuern für meine Einkünfte in Deutschland. Kurzum: Ich integriere mich! Nur so kann ein harmonisches Zusammenleben mit Immigranten funktionieren.

Ich bin mit meinem Leben an meinem jetzigen Wohnort Rio de Janeiro sehr zufrieden. Als Hedonist habe ich erkannt, worin heute meine wirklichen Bedürfnisse liegen, und habe mein Leben so ausgerichtet, dass diese optimal befriedigt werden. Hier ist alles leicht verfügbar, was mich beseelt: eine traumhaft schöne Umgebung, angenehmes Klima, leckeres Churrasco und hinreißende Frauen.

Nach deutschen Maßstäben führe ich ein bescheidenes Leben. Ich wohne in einer Favela inmitten armer Menschen und besitze weder iPhone noch Auto oder Motorrad. Es liegt mir nichts daran, andere Leute mit Statussymbolen zu beeindrucken. Lieber barfuß zum Strand als mit dem Mercedes ins Büro.

ANMERKUNGEN

1   Friedrichsen, Gisela: Man wollte ein bisschen kitzeln.
    In: *DER SPIEGEL*, 40/2000

2   Meyer-Wellmann, Jens: *Ronald Schill – in Rio fühlt er sich
    sicherer*. URL www.abendblatt.de/hamburg/article499995/
    Ronald-Schill-in-Rio-fuehlt-er-sich-sicherer.html, letzter
    Zugriff am 4.8.2014

Ronald B. Schill
DER PROVOKATEUR
Autobiografie

ISBN 978-3-86981-013-3
Alle Rechte vorbehalten

Coverfoto: © picture-alliance / dpa
Bilder im Innenteil: © Privatarchiv des Autors

© 2014 by
Soundtrack Distribution GmbH
Kastanienallee 32
10435 Berlin